Judith und Ulrich Lüttringhaus / Heiko Metz

Das kleine Geobrett

Raumerfahrung und Raumvorstellung, Flächenformen

1./2. Klasse

Kopiervorlagen mit Lösungen

BRIGG VERLAG

Gedruckt auf umweltbewusst gefertigtem, chlorfrei gebleichtem
und alterungsbeständigem Papier.

1. Auflage 2021

Fotos: Ulrich Lüttringhaus
Layout/Satz: PrePress-Salumae.com, Kaisheim

ISBN 978-3-95660-**408**-9

www.brigg-verlag.de

Inhalt

1. Einleitung

2. Raumerfahrung und Raumvorstellung

3. Flächenformen

4. Anhang

1. Einleitung

1.1 Vorbemerkungen

Vielseitig verwendbar

Das kleine Geobrett ist vielseitig verwendbar. Die Schülerinnen und Schüler lernen, räumliche Lagen sicher zu gebrauchen, entdecken Flächenformen und lernen, sie zu benennen (1./2. Klasse). Zudem können sie die Achsensymmetrie entdecken, durchführen und beschreiben. Sie üben, Formen zu verschieben und zu drehen (3./4. Klasse).

Lernen mit Auge, Hand und Herz

Das Spannen und Konstruieren von Strecken, Geraden und Flächen mit einem Faden oder Gummi auf dem Geobrett ist eine Methode, die verschiedene Sinne anspricht. Das Spannen vermittelt nicht nur **optische** Eindrücke, sondern wird auch zu einem **haptischen** Erlebnis. Zudem haben die Schülerinnen und Schüler durch den Umgang mit dem Material und die Abwechslung im Unterrichtsalltag auch großen **Spaß** an der neuen Art der Aufgabenstellung.

1.2 Das Geobrett in der Montessoripädagogik

Hilf mir, es selbst zu tun!

Das kleine Geobrett erfüllt auch die Anforderungen, welche die Montessoripädagogik an Lernmaterialien stellt. Es regt die Schülerinnen und Schüler an zu:

- eigenverantwortlichem Arbeiten
- Selbsttätigkeit
- Selbstkontrolle

1.3 So benutze ich das Buch

Kopiervorlagen für Karteikarten mit Lösungen

Im Buch folgen auf die Einführung in das Thema die Aufgabenkarten mit den Lösungen auf der Rückseite (Ausnahme: Figuren spannen). Wir empfehlen, die Vorder- und die Rückseite auf einen Karton zu kopieren und dann die einzelnen Karteikarten auszuschneiden. Sie können die Karten natürlich auch laminieren.

Aufsteigender Schwierigkeitsgrad

Die Aufgaben auf den Karteikarten werden mit aufsteigender Kartennummer schwieriger.

Behandelte Flächenformen

Im Buch werden die Vierecke (Viereck, Quadrat, Rechteck, Raute, Drachen) ausführlich behandelt und ihre Eigenschaften altersgemäß erarbeitet. Dreiecksformen lernen die Kinder beim Thema „Figuren spannen“ kennen, ohne sie weiter zu klassifizieren.

Nutzungsmöglichkeit 1: Zur Einführung der Themen

Falls Sie die Karteikarten zur Einführung in ein Thema verwenden wollen, können Sie diese für jeden Schüler kopieren. Für einen Lehrer-Schüler-Dialog reicht es aus, Aufgaben und Lösungen auf eine Folie zu kopieren oder für eine Tafelanschrift zu verwenden.
Vorschläge zur Einführung finden Sie jeweils zu Beginn der einzelnen Kapitel.

Nutzungsmöglichkeit 2: Für die Freiarbeit und zur Wiederholung

Bei der Nutzung der Karteikarten durch die Schüler in einer Freiarbeitsphase kann es ausreichen, die Karteikarten 3- oder 4-mal zu kopieren und in Karteikästen zu deponieren, sodass die Schülerinnen und Schüler die Karten bei Bedarf holen können.

2. Raumerfahrung und Raumvorstellung

2.1 Einführung

2.1.1 *Figuren spannen*

Ziele:

- Das räumliche Sehen wird gefördert.
- Die Konzentrationsfähigkeit wird gefördert.

In der **Freiarbeit** oder in der **Wochenplanarbeit** können die Schülerinnen und Schüler selbstständig die Karteikarten bearbeiten.

In geleiteten Unterrichtsphasen kann das Material aber auch dazu benutzt werden, die Kompetenzen in Bezug auf das räumliche Sehen zu **diagnostizieren**. In einem nächsten Schritt kann dann mithilfe der Karteikarten an dabei erkannten Defiziten gearbeitet werden.

2.1.2 *Begriffe der räumlichen Lage sicher gebrauchen*

Ziel:

- Die Schülerinnen und Schüler üben, die Begriffe oben – unten, rechts – links zu gebrauchen.

Folie zur Einführung:

Aufgabe:

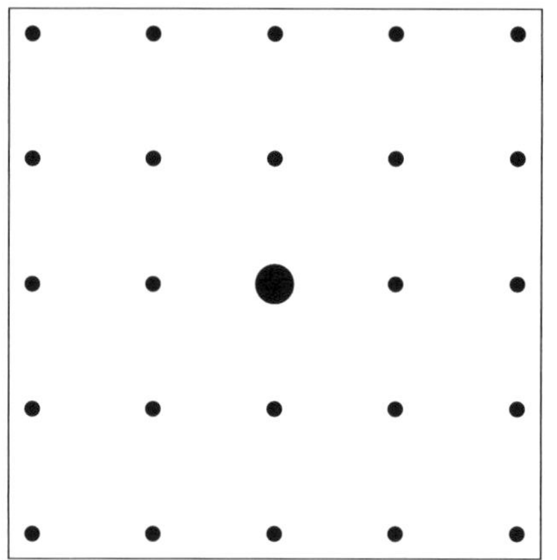

RR

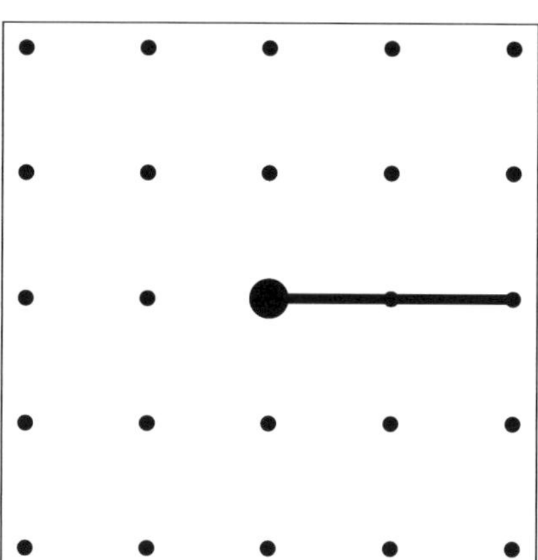

R = rechts, L = links, O = oben, U = unten

Gerade – Vorübungen

In einer Zeile stehen nur gleiche Buchstaben (z. B. LL oder UUU).
→ Je nach Anzahl der Buchstaben werden die Punkte ausgezählt.

OO	
RRR	
UUUU	
LL	

Gerade – Aufgabe

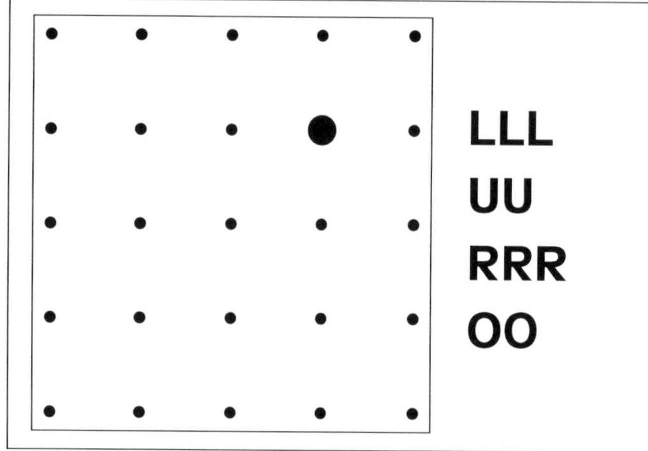

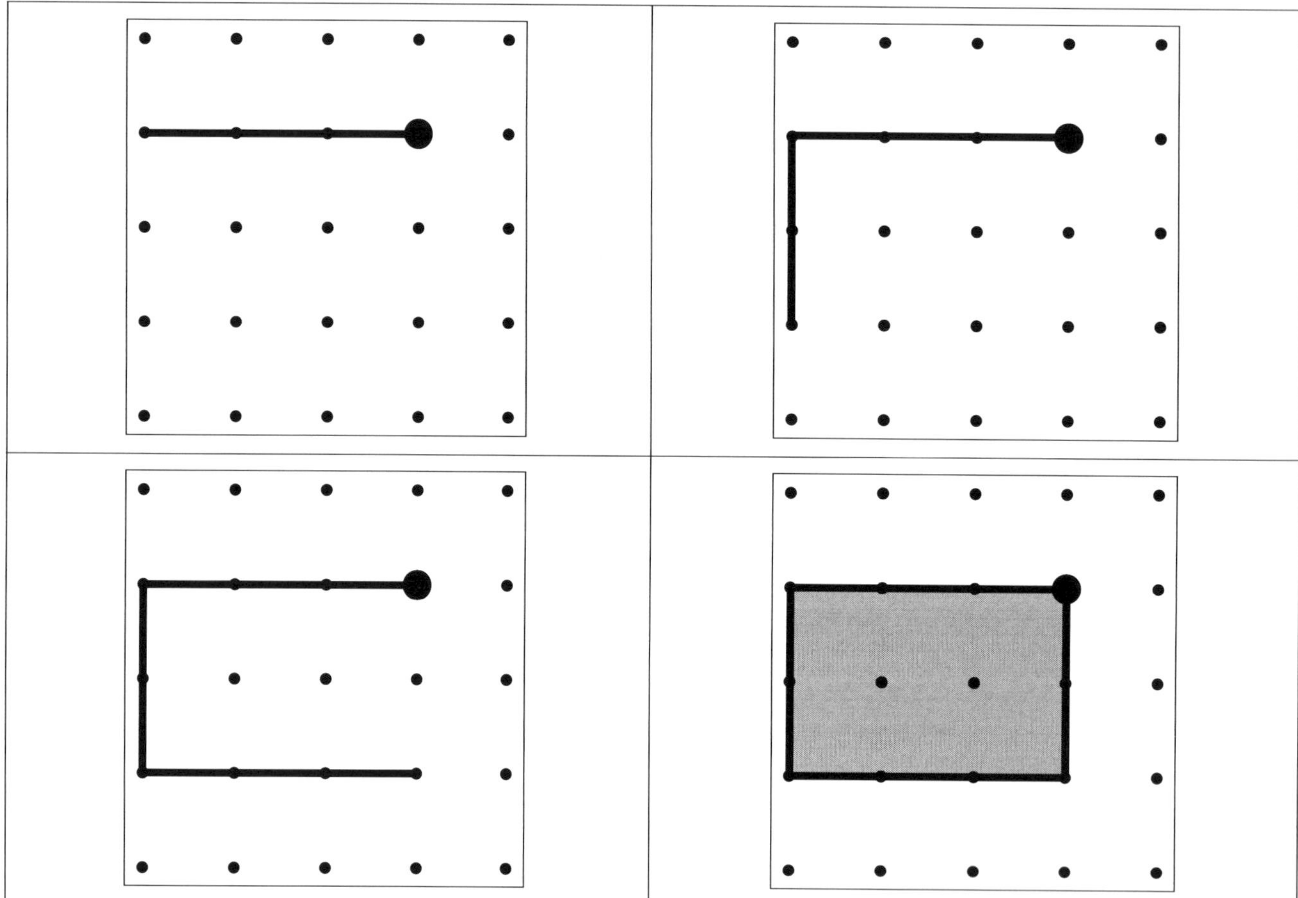

Diagonal – Vorübungen

Wenn die Schülerinnen und Schüler die Aufgaben mit dem Spannen der Geraden beherrschen, können im nächsten Schritt die Aufgaben zu den Diagonalen eingeübt werden.
Die Vorübungen zu den Diagonalen sind unverzichtbar, da die Schülerinnen und Schüler sonst möglicherweise Schwierigkeiten beim Auszählen der Punkte haben.

Bisherige Aufgaben (gerade): In einer Zeile steht nur der gleiche Buchstabe (z. B. LL oder UUU).
→ Je nach Anzahl der Buchstaben werden die Punkte ausgezählt.

Neue Aufgaben (diagonal): In einer Zeile stehen zwei verschiedene Buchstaben (z. B. LO oder RRUU).
→ Zuerst werden die Punkte des ersten Buchstabens ausgezählt, dann die des zweiten Buchstabens. So wird der Zielpunkt gefunden.
→ Vom Ausgangspunkt wird die Linie zum Zielpunkt gezogen.

Schritt 1: Aufgabe	**Schritt 2:** Tafelanschrift	**Schritt 3:** Lösung
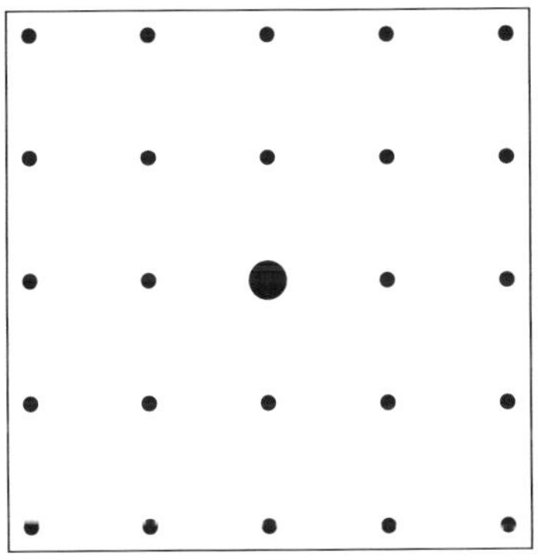 **OR**	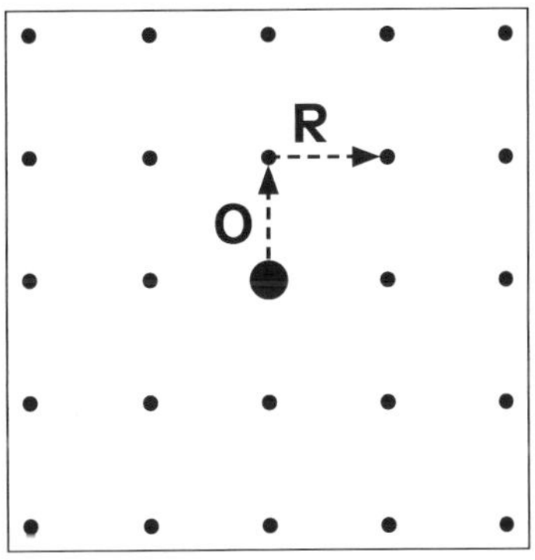 O, R	
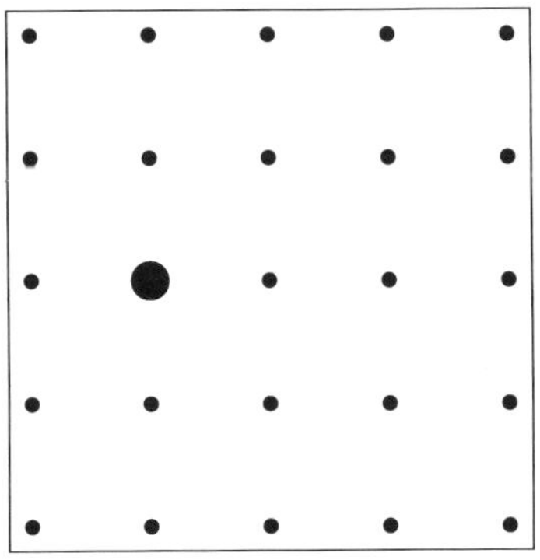 **LU**	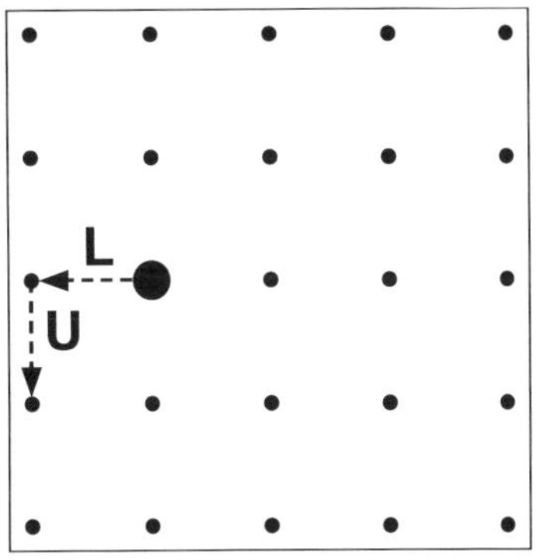 L, U	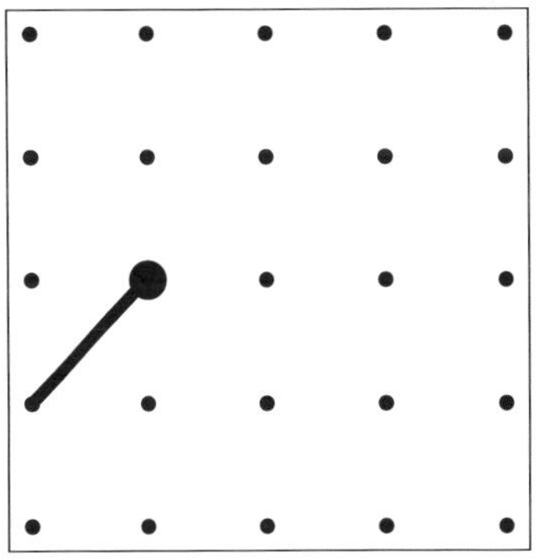
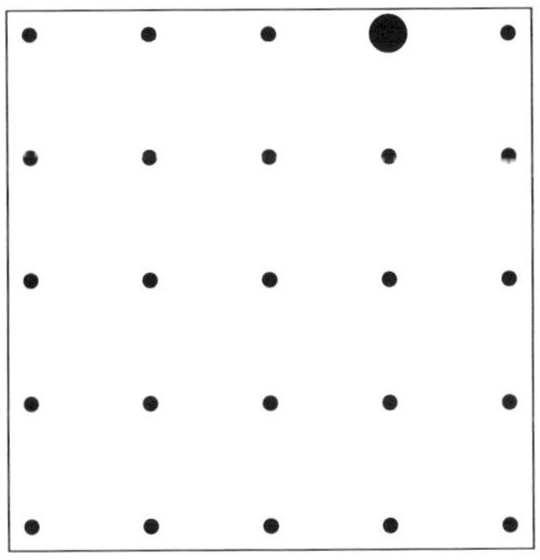 **LUUU**	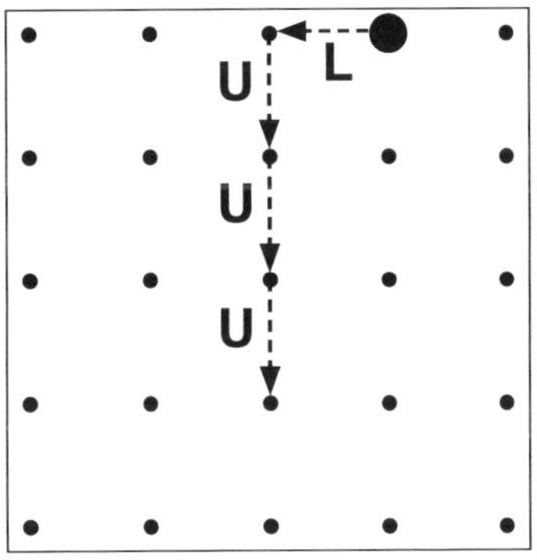 L, U, U, U	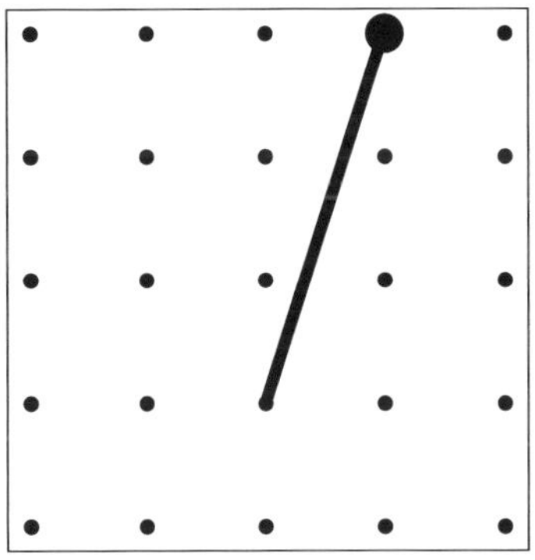

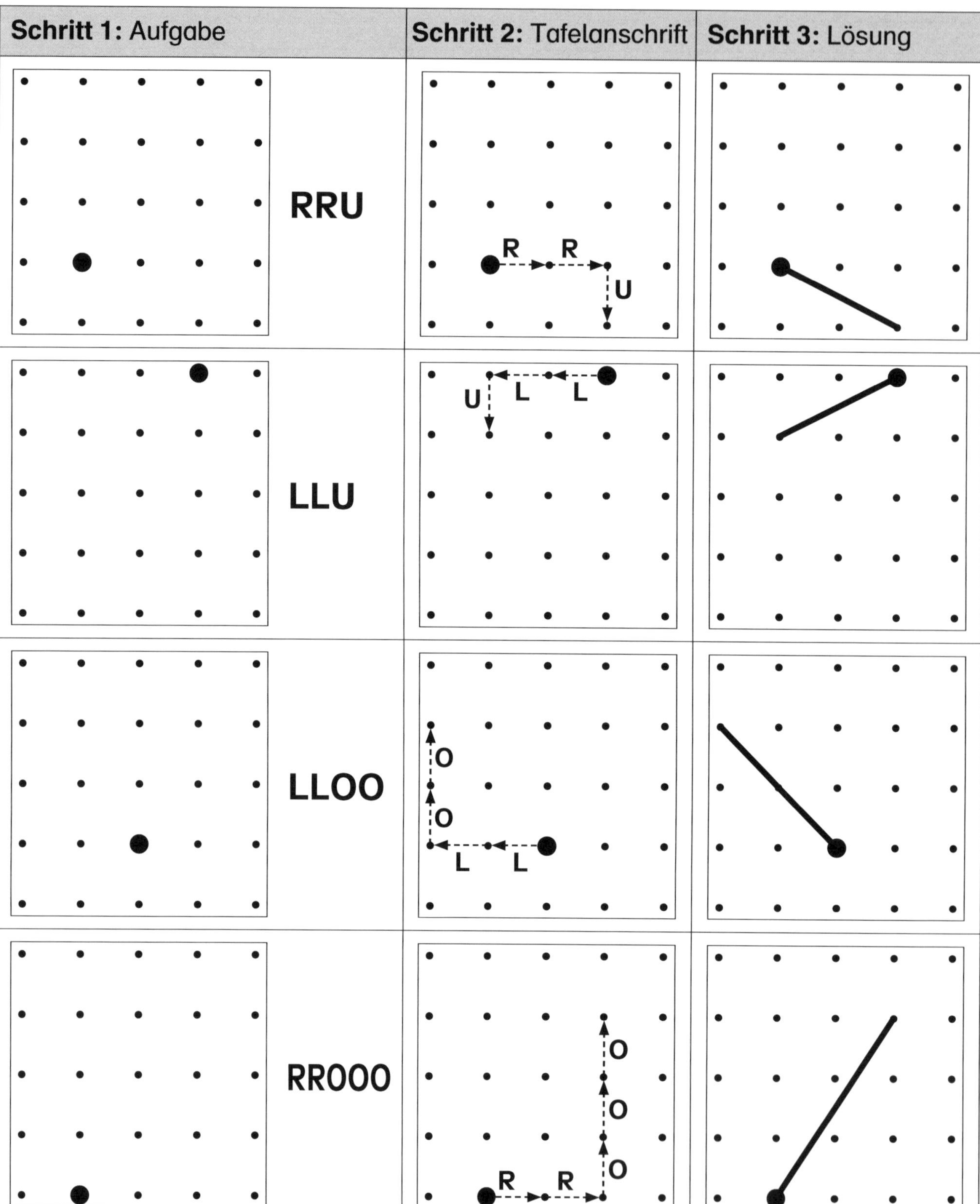

Lüttringhaus/Metz: Das kleine Geobrett · 1./2. Klasse · Best.-Nr. 408

Diagonal und gerade – Aufgabe

UU
LL
LO
RO
RR

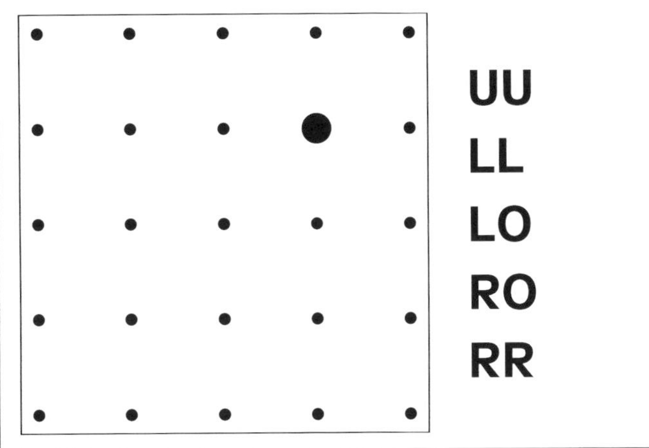

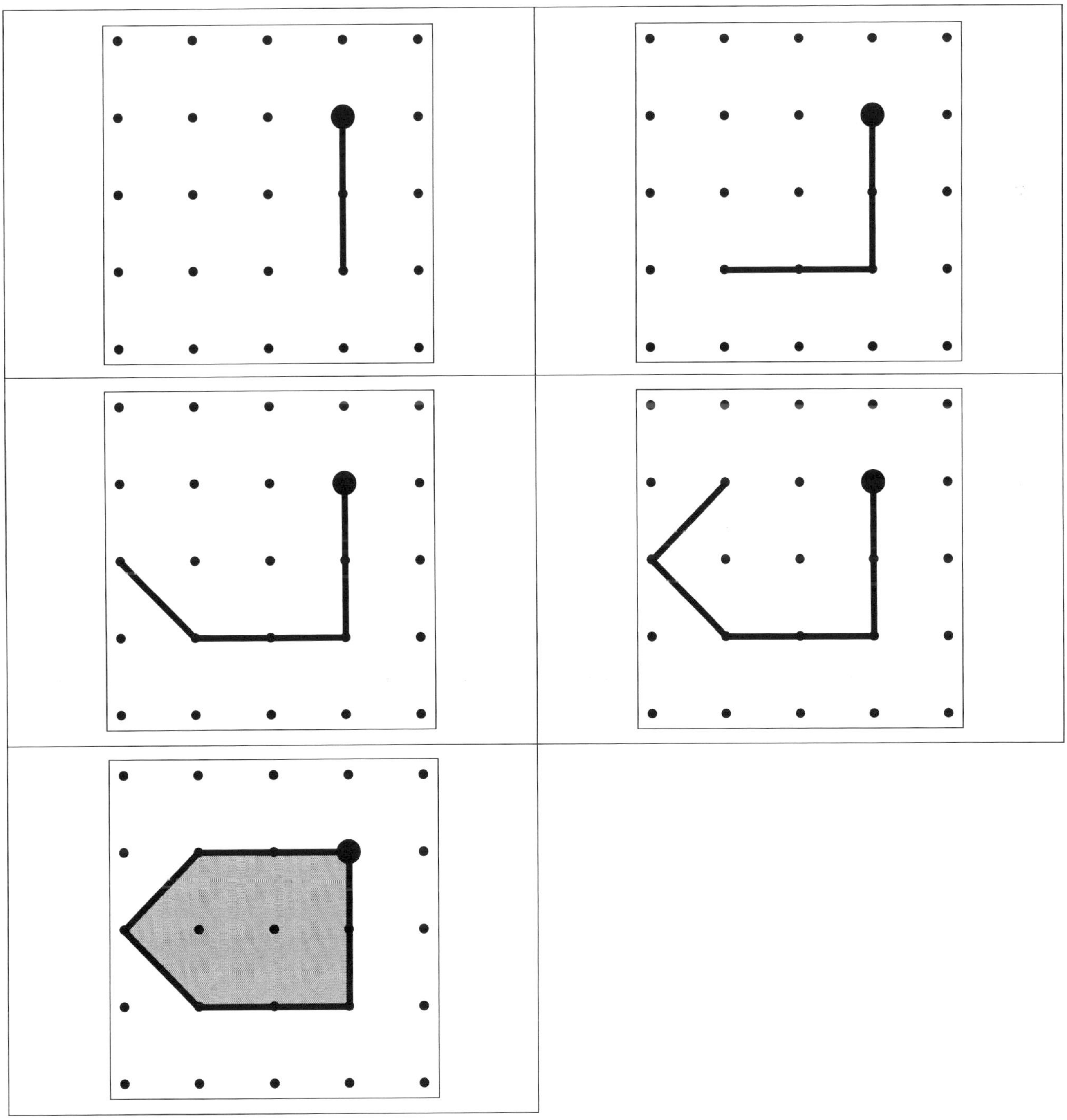

Figuren spannen 1

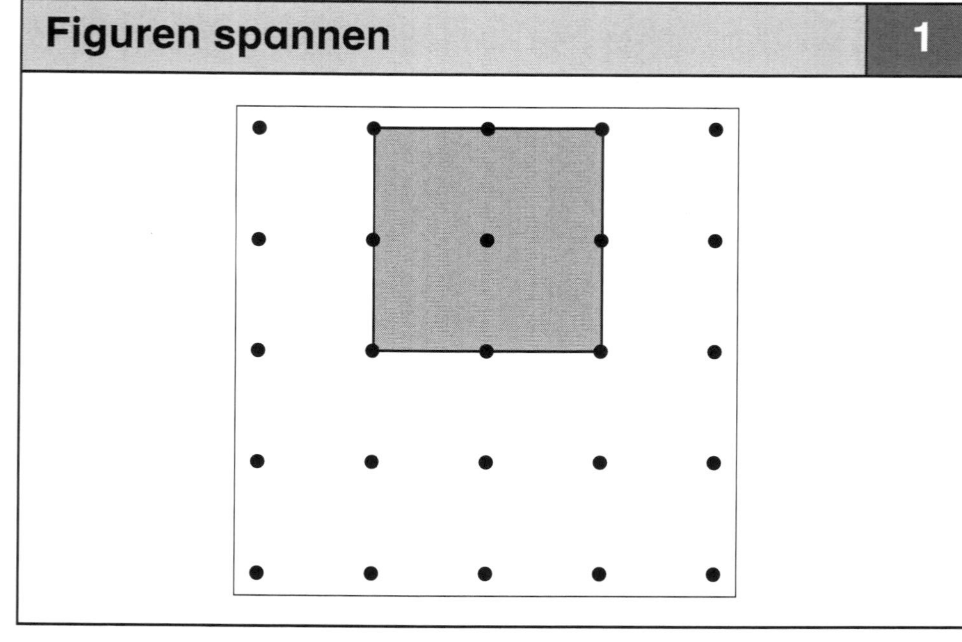

Figuren spannen 2

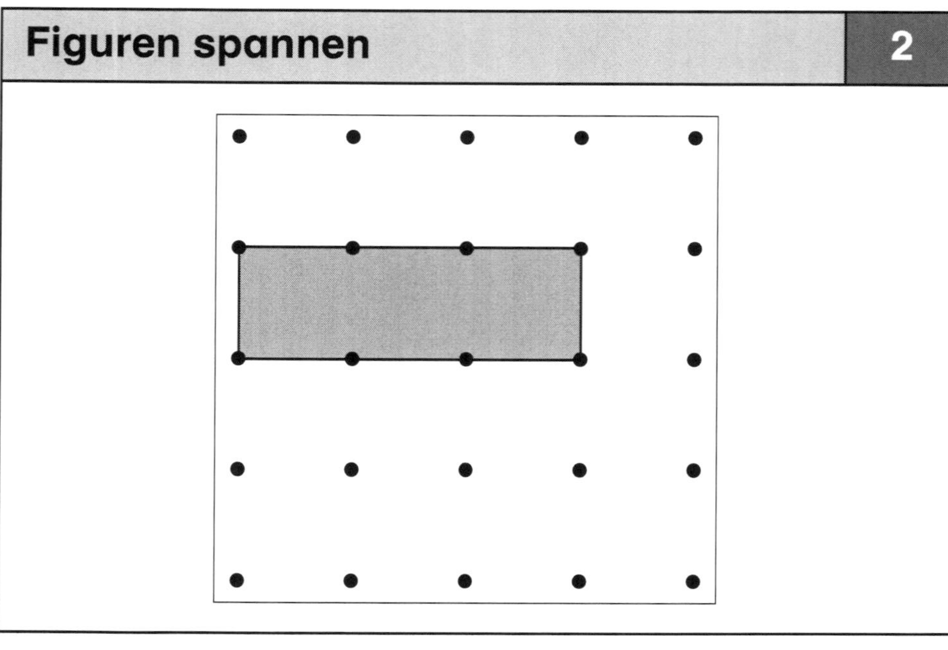

Figuren spannen 3

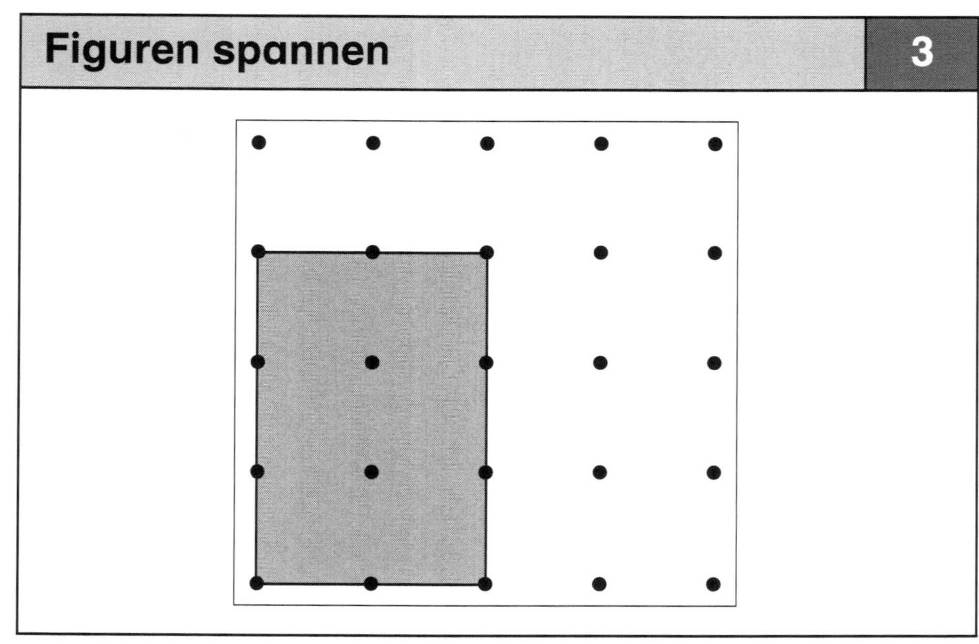

Figuren spannen 4

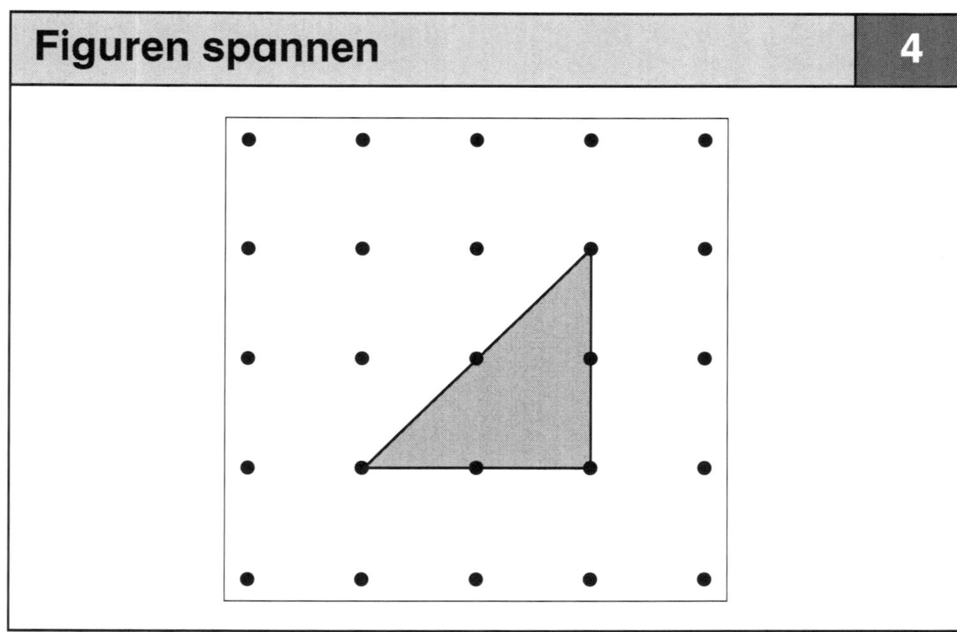

Figuren spannen 5

Figuren spannen 6

Figuren spannen 7

Figuren spannen 8

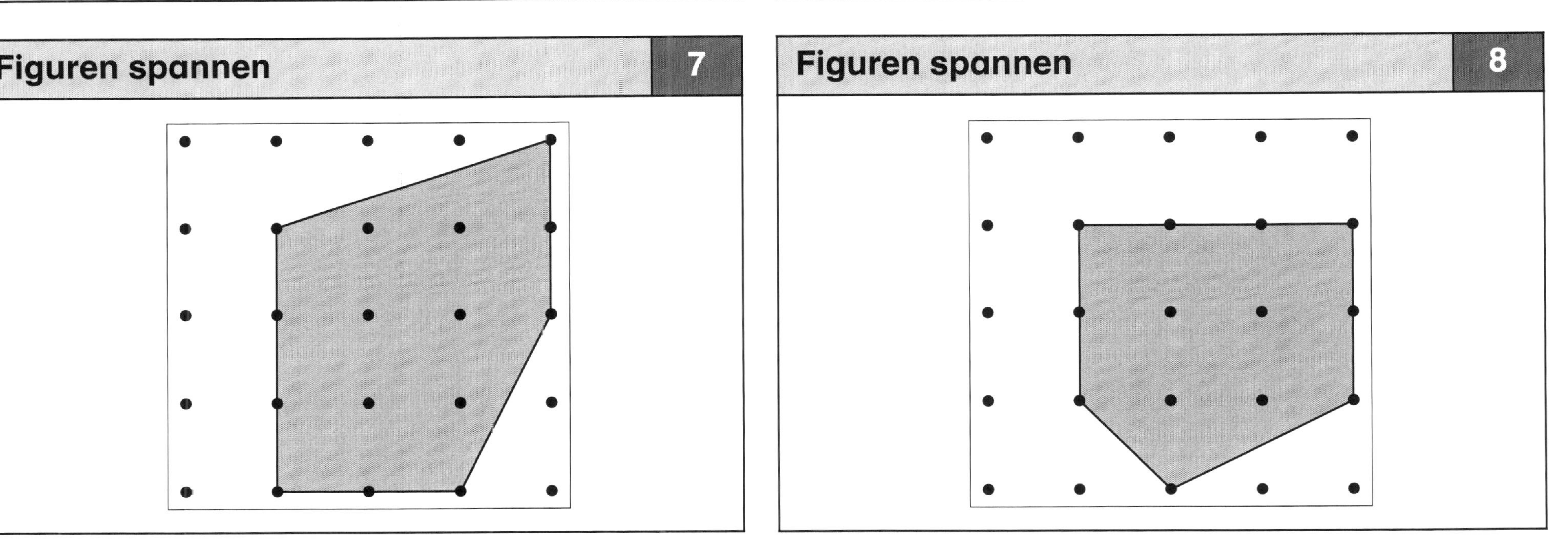

Figuren spannen 9

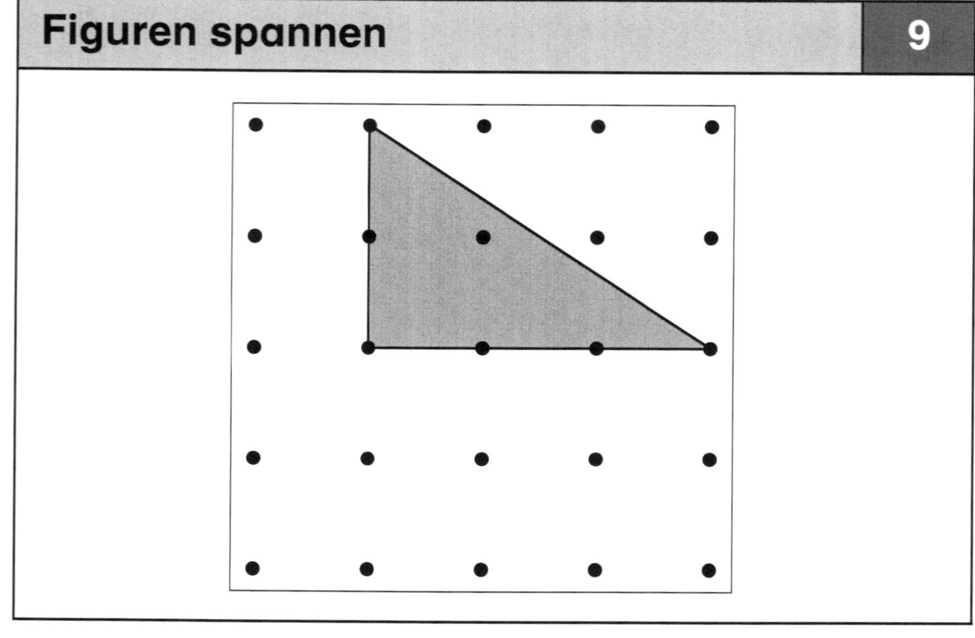

Figuren spannen 10

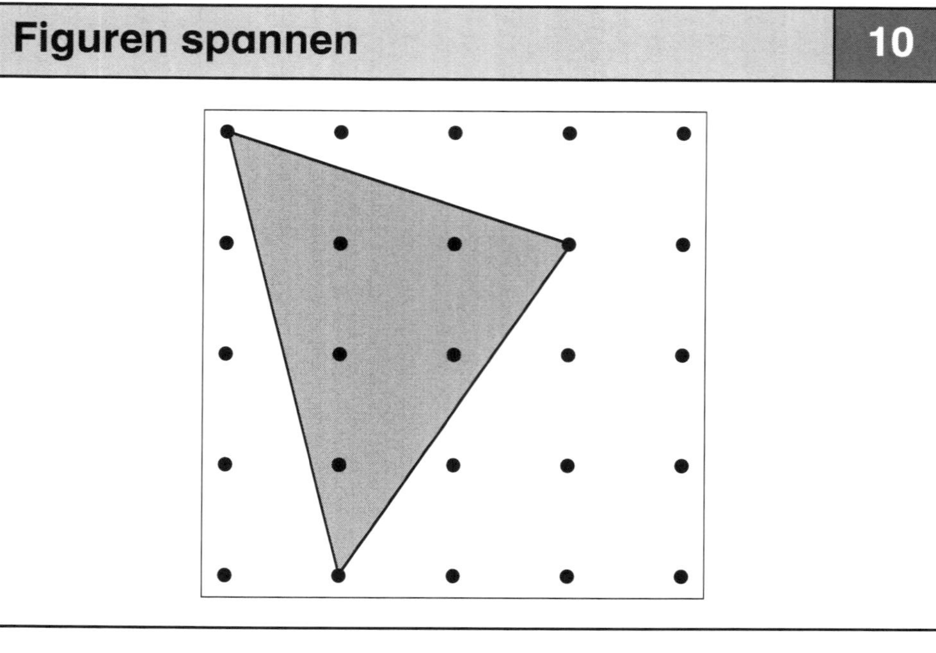

Figuren spannen 11

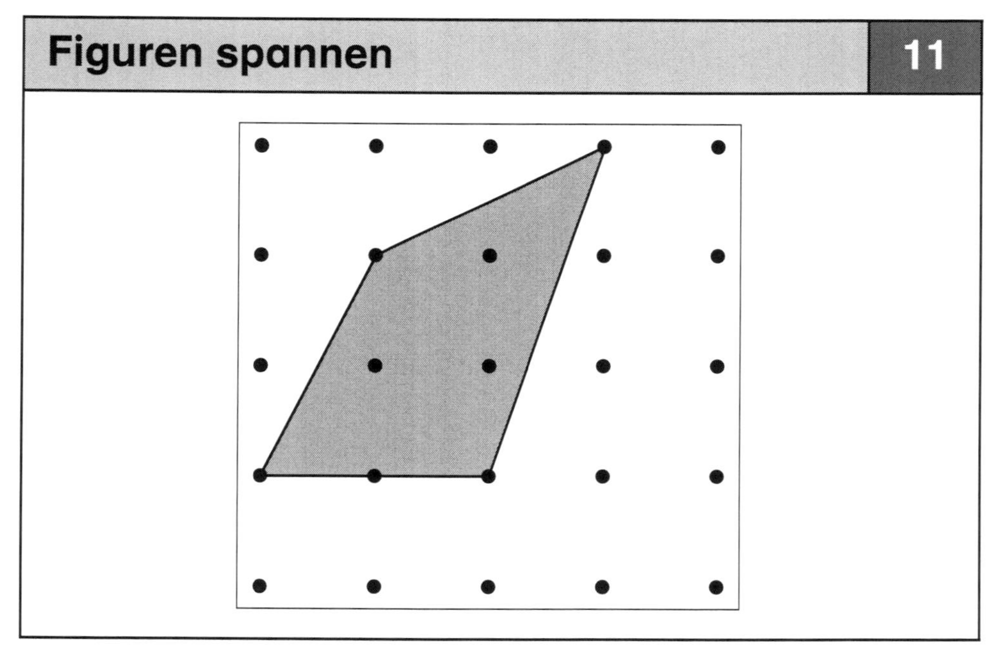

Figuren spannen 12

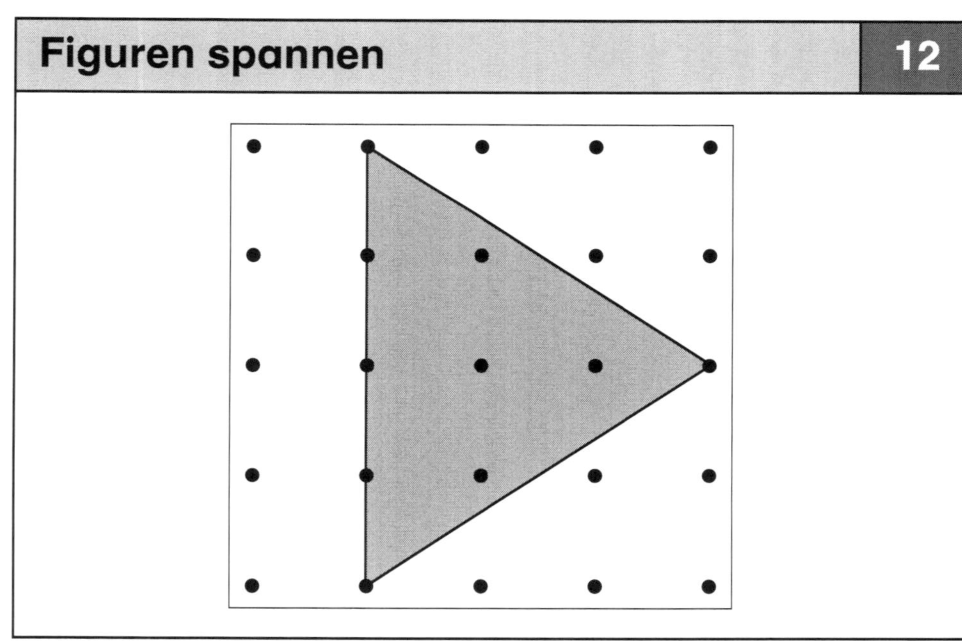

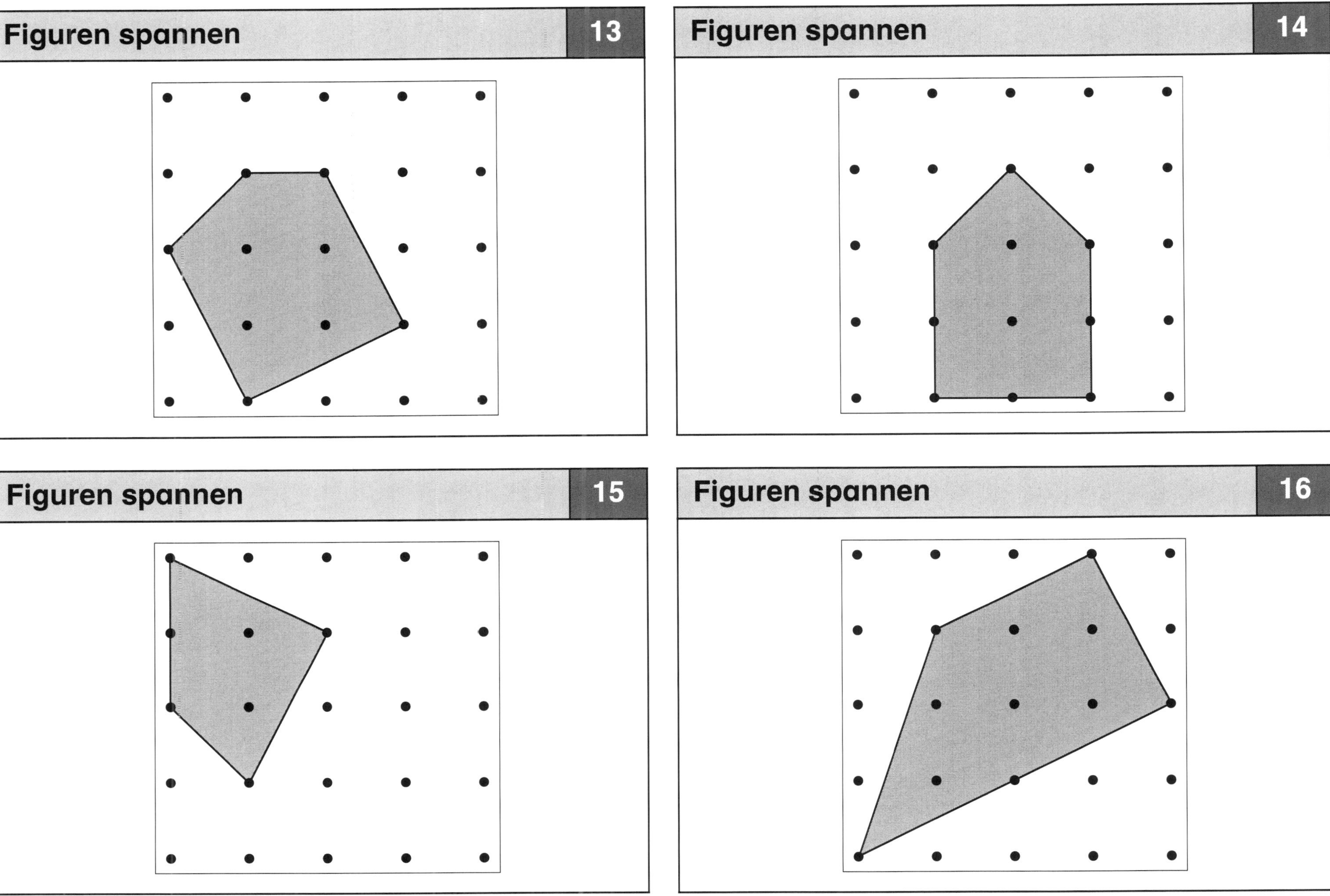
Figuren spannen
13
Figuren spannen
14
Figuren spannen
15
Figuren spannen
16

Figuren spannen 17

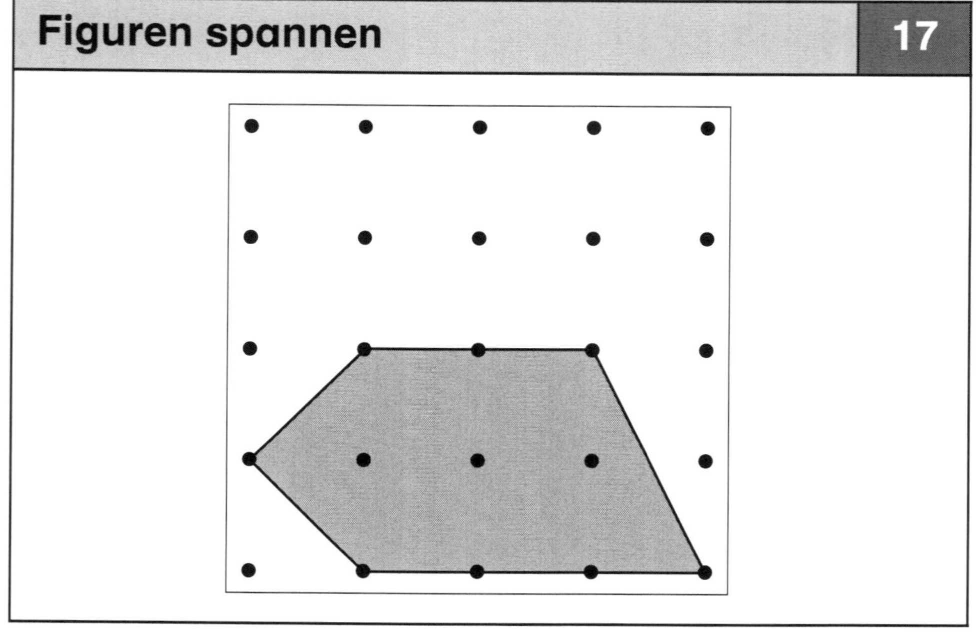

Figuren spannen 18

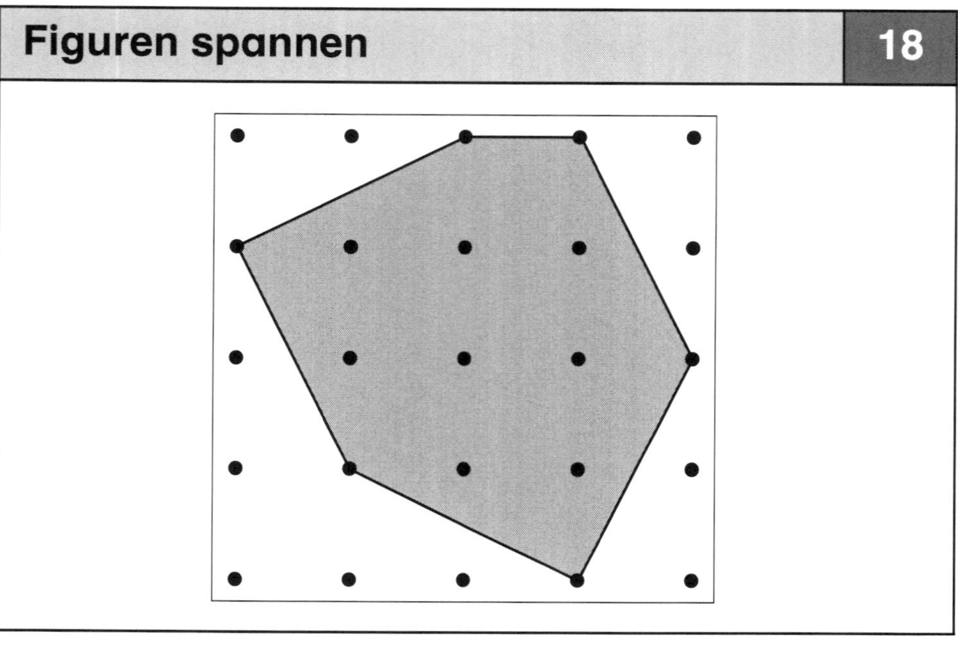

Figuren spannen 19

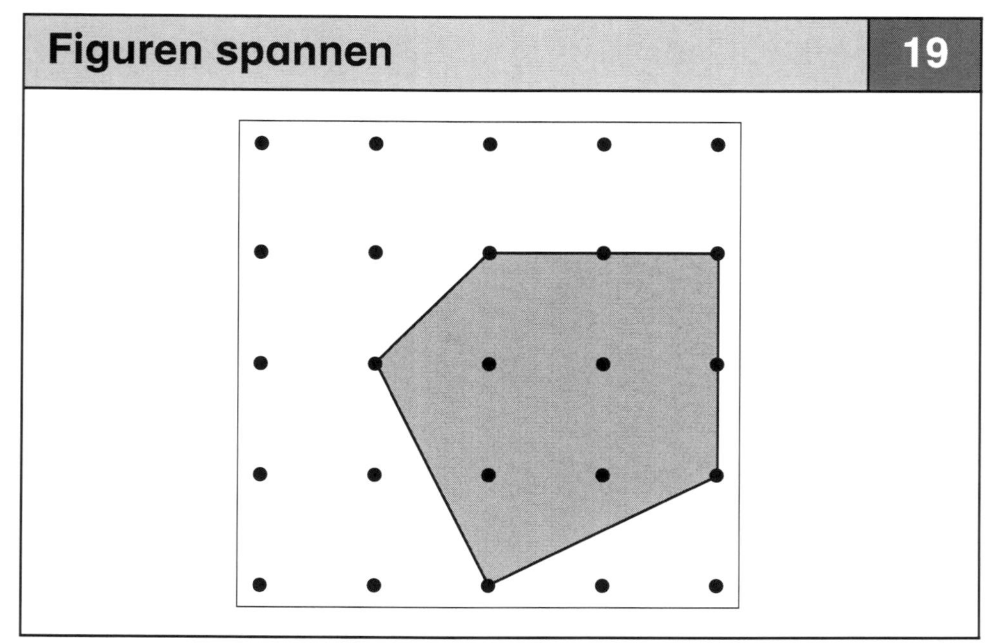

Figuren spannen 20

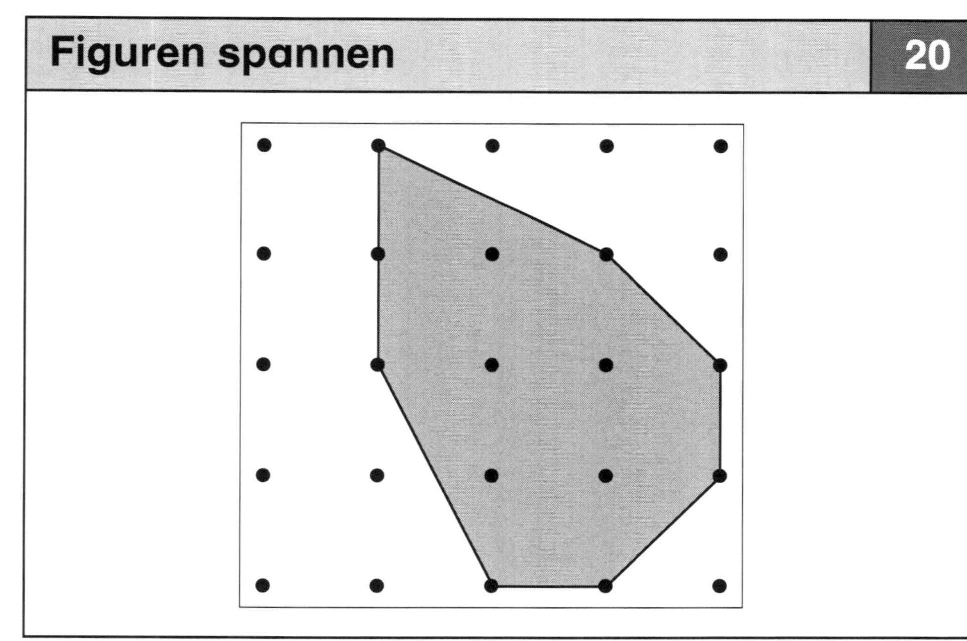

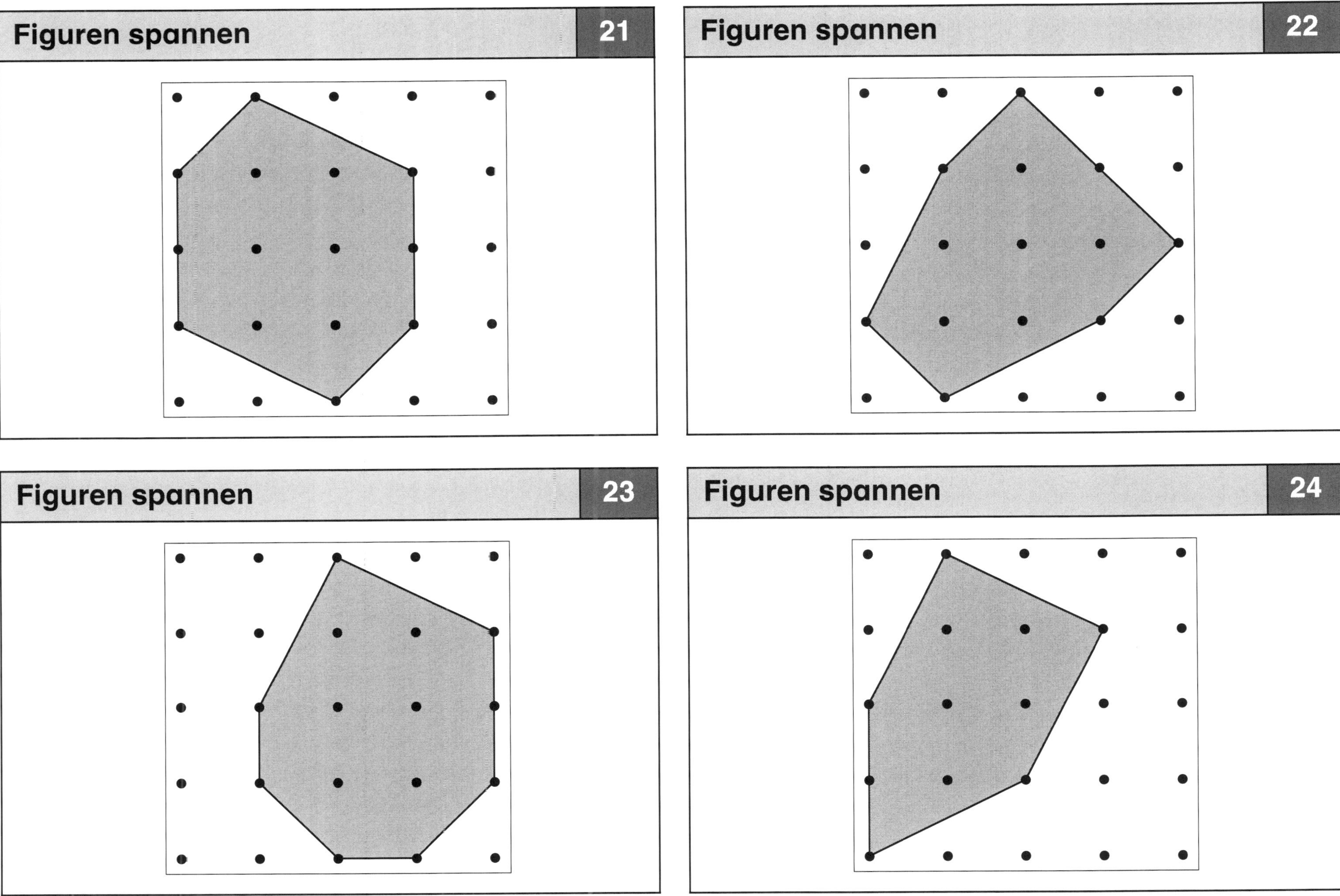
Figuren spannen
21
Figuren spannen
22
Figuren spannen
23
Figuren spannen
24

Lüttringhaus/Metz: Das kleine Geobrett · 1./2. Klasse · Best.-Nr. 408

Figuren spannen 25

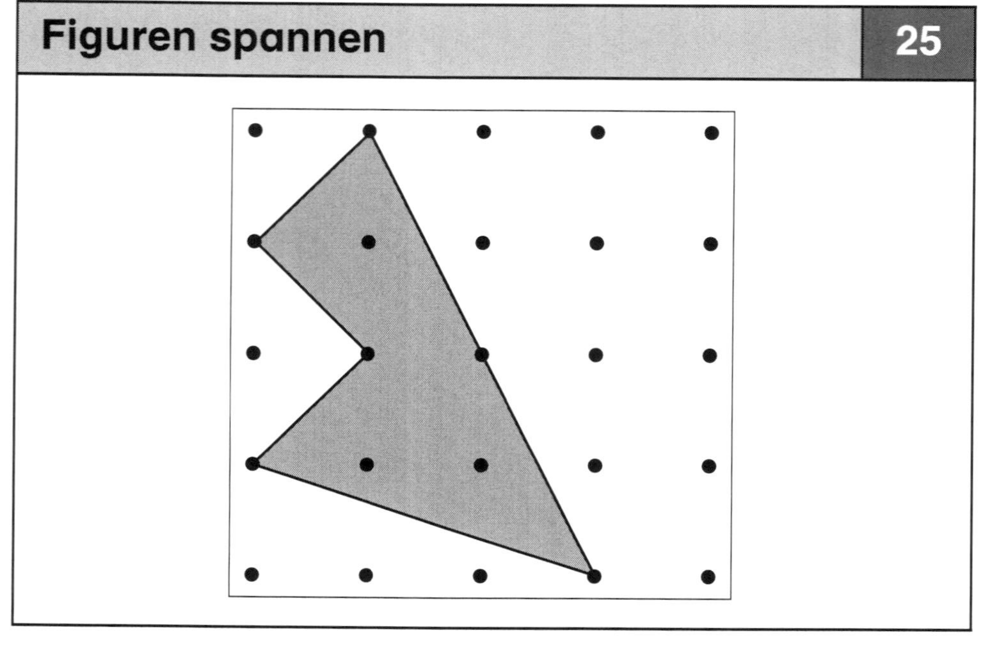

Figuren spannen 26

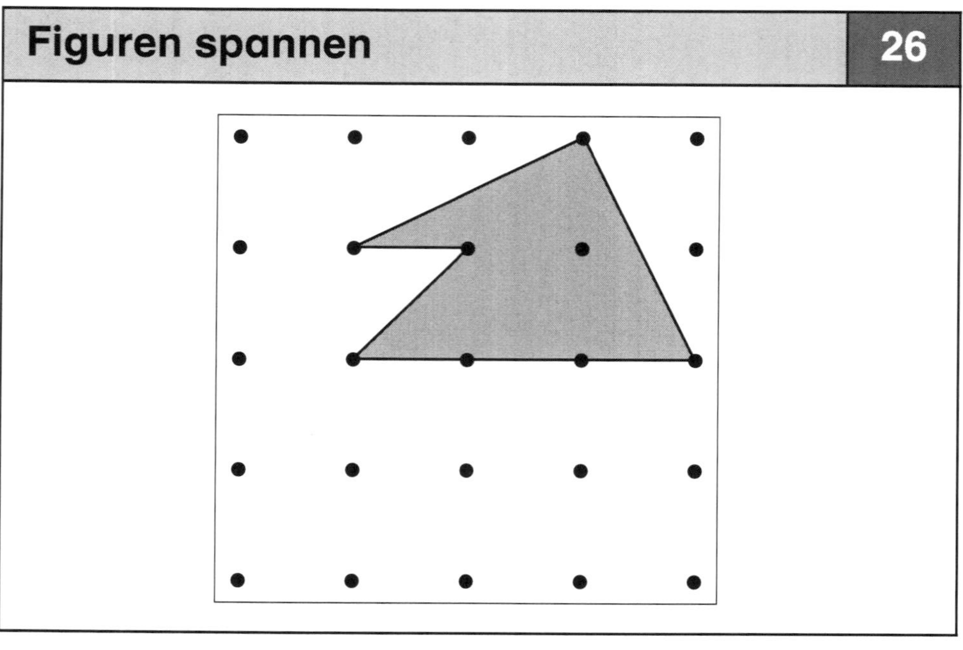

Figuren spannen 27

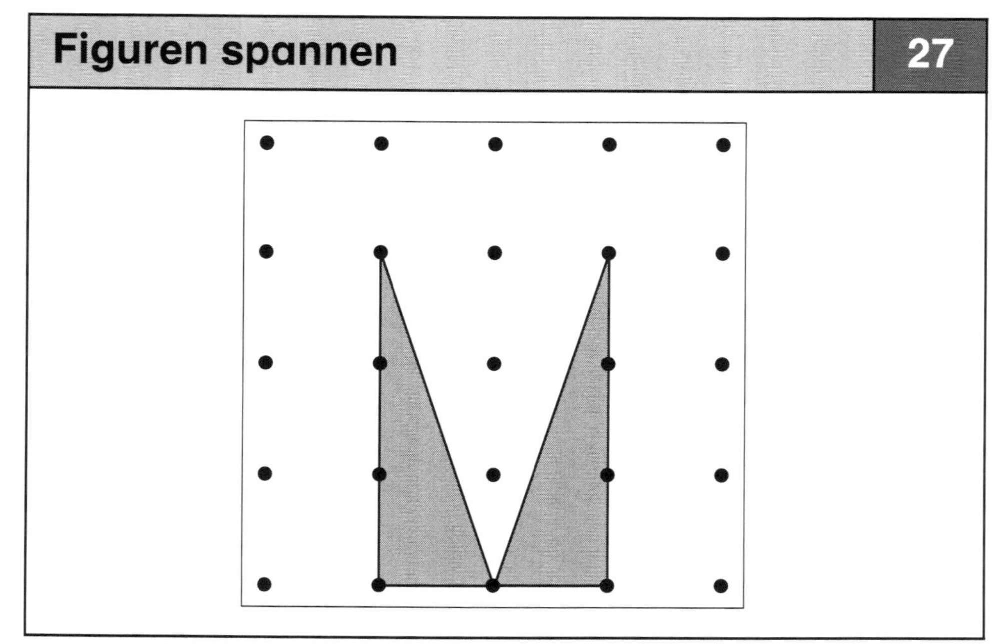

Figuren spannen 28

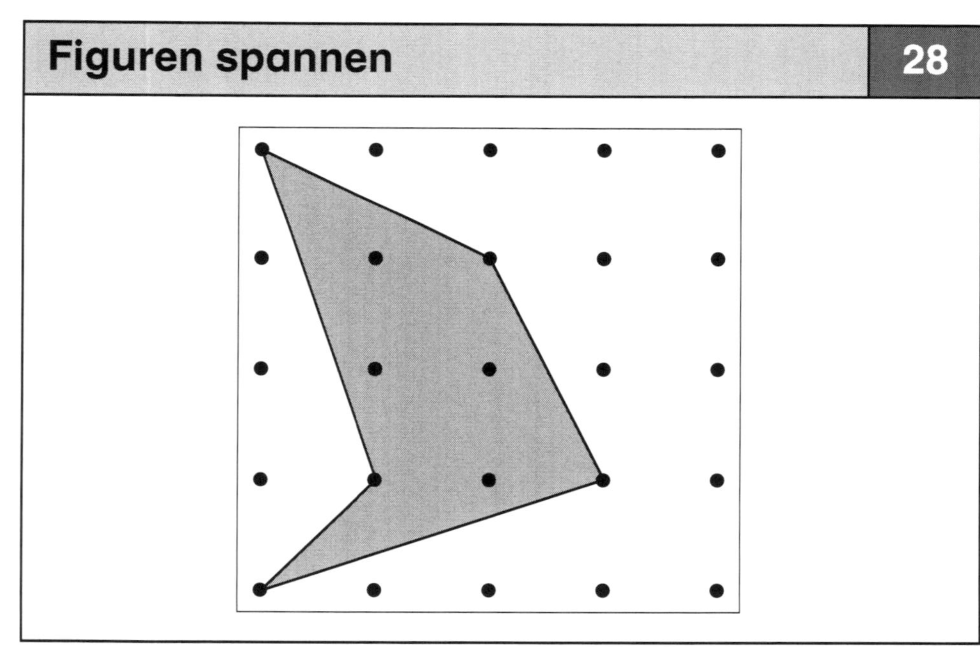

Figuren spannen 29

Figuren spannen 30

Figuren spannen 31

Figuren spannen 32

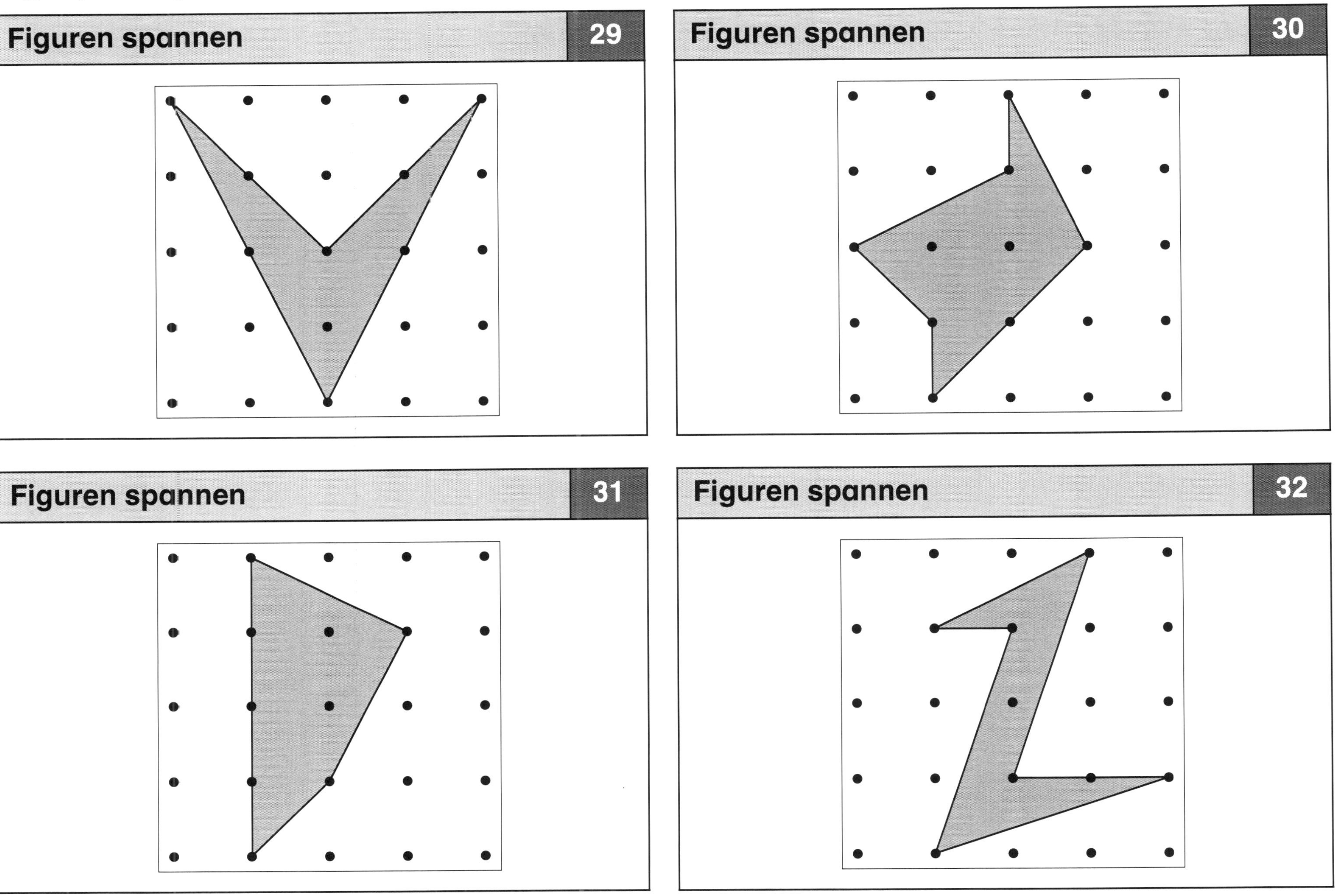

Figuren spannen 33

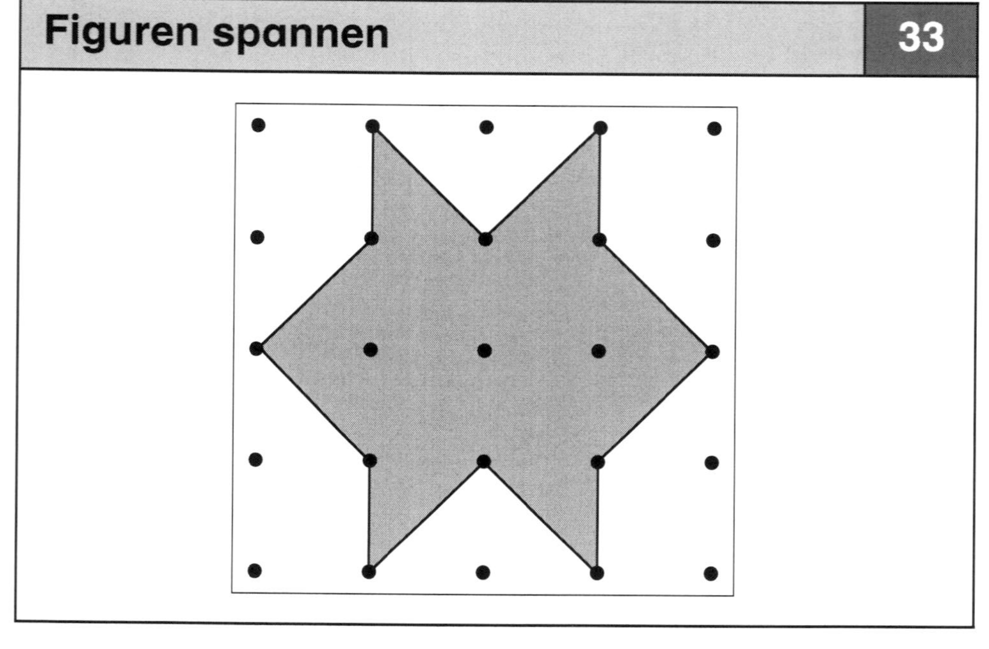

Figuren spannen 34

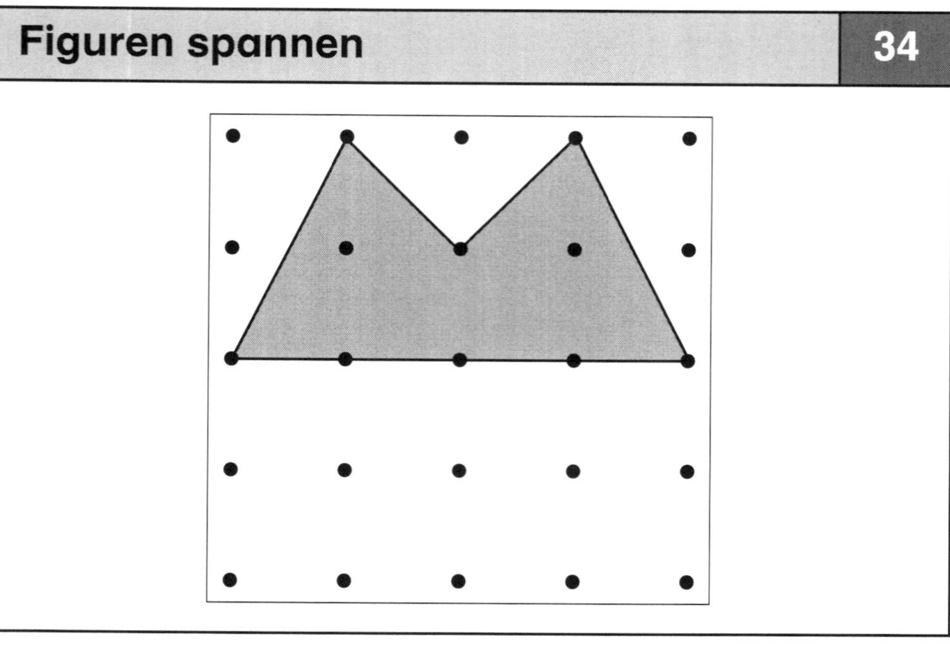

Figuren spannen 35

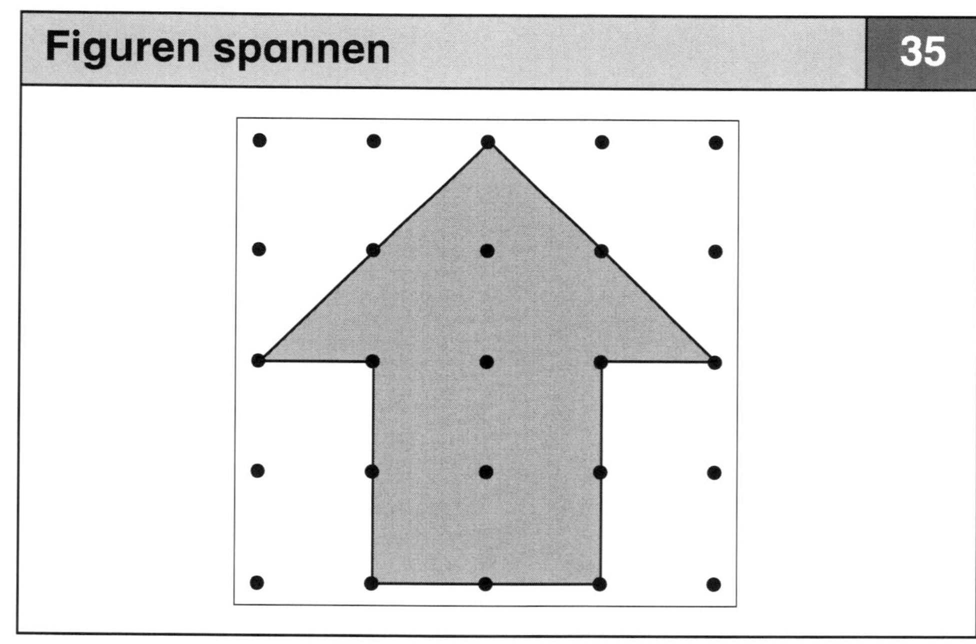

Figuren spannen 36

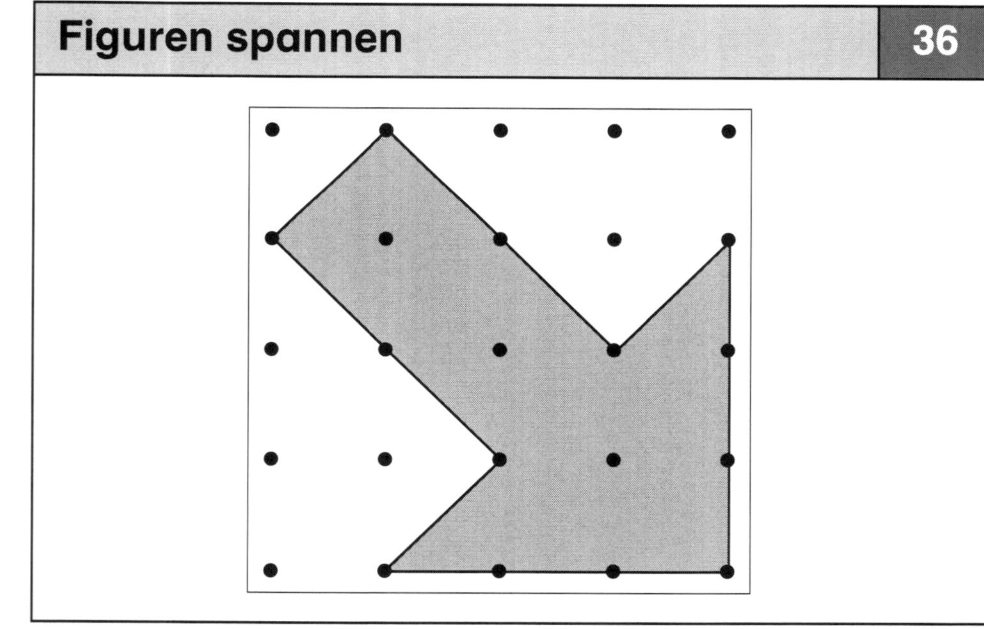

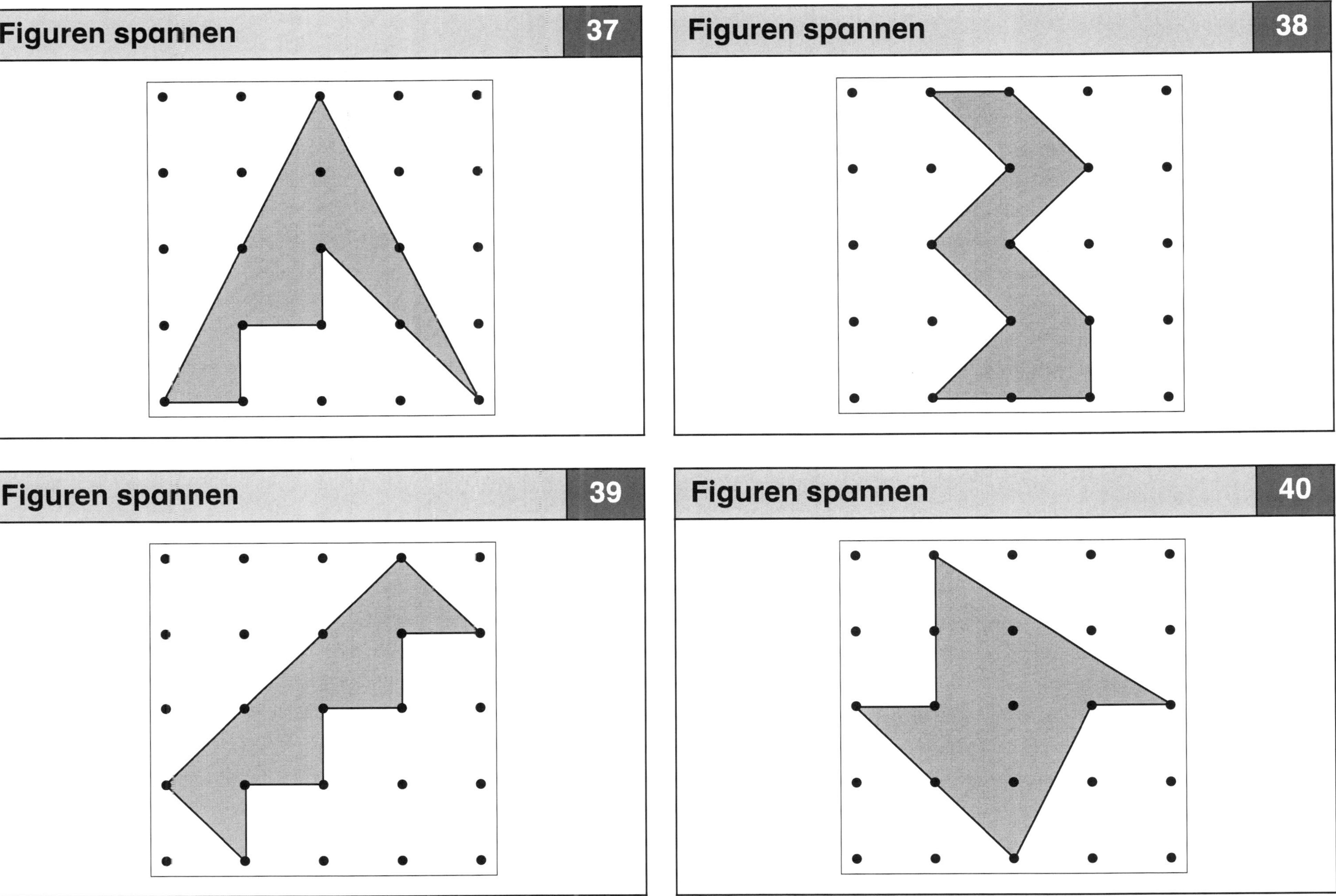
Figuren spannen
37
Figuren spannen
38
Figuren spannen
39
Figuren spannen
40

Figuren spannen 41

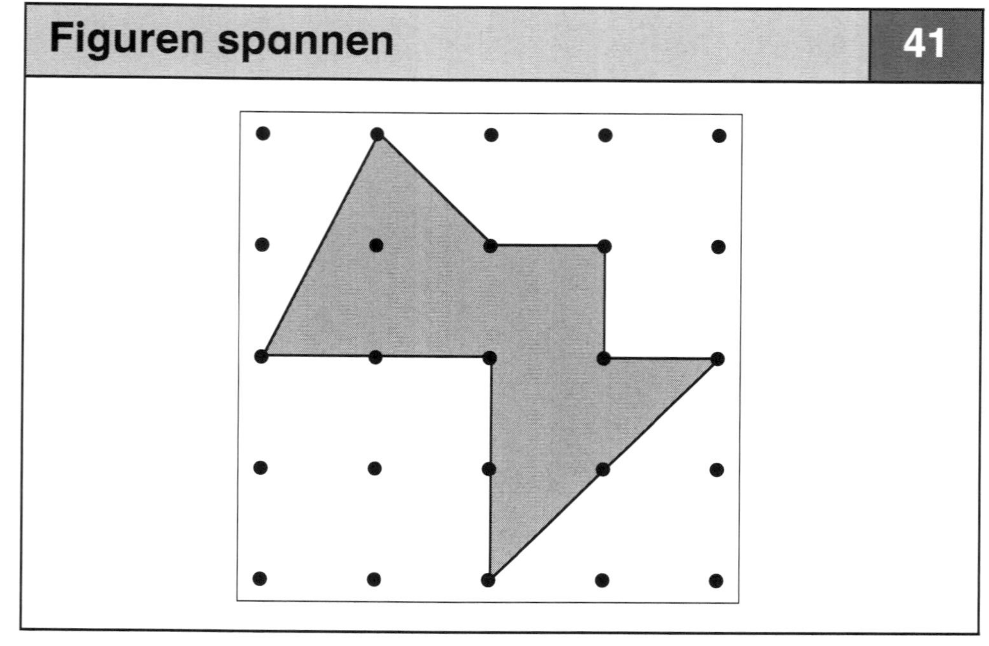

Figuren spannen 42

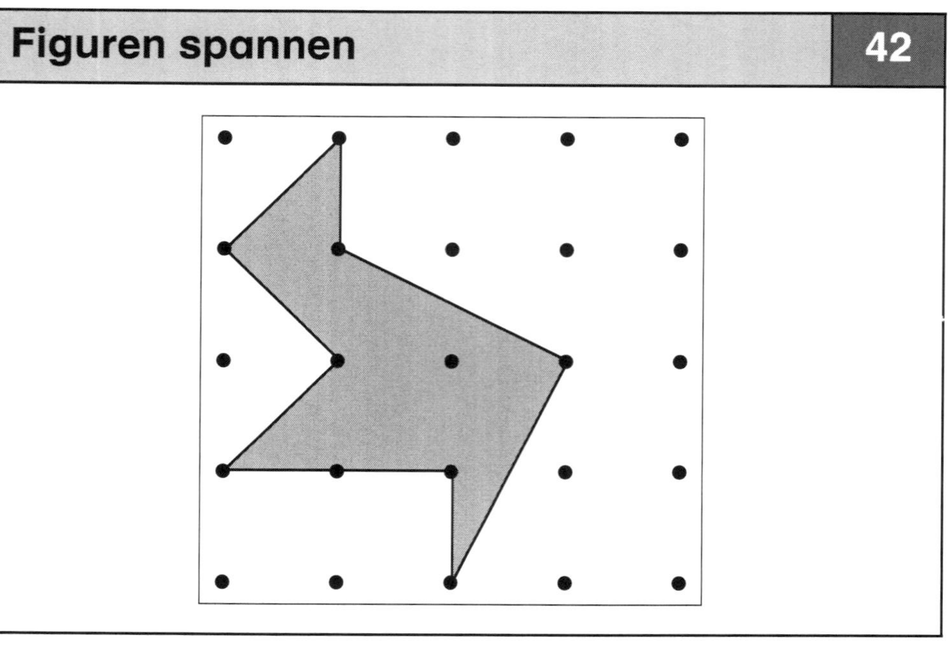

Figuren spannen 43

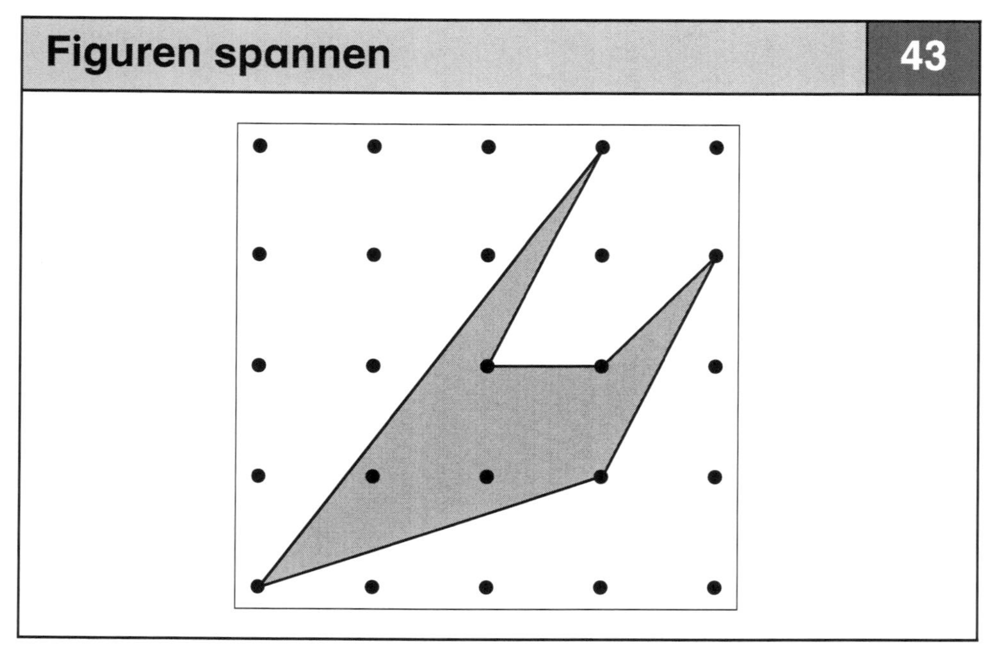

Figuren spannen 44

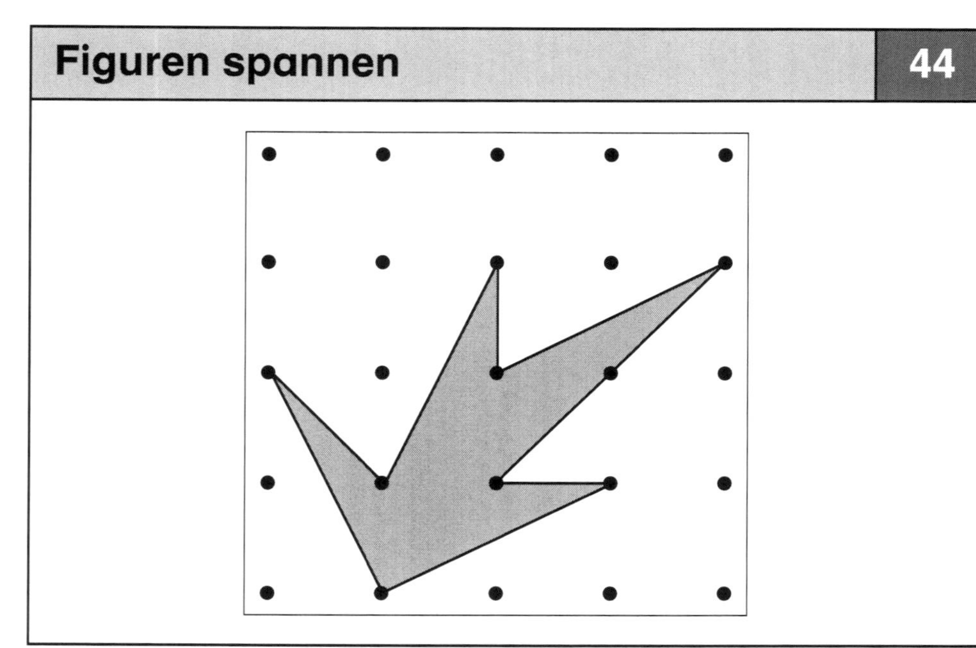

rechts – links, oben – unten 1

RR
O
LL
U

rechts – links, oben – unten 2

O
RR
UUU
LL
OO

rechts – links, oben – unten 3

U
L
OOO
R
UU

rechts – links, oben – unten 4

OO
RRR
UU
LLL

Lösung:

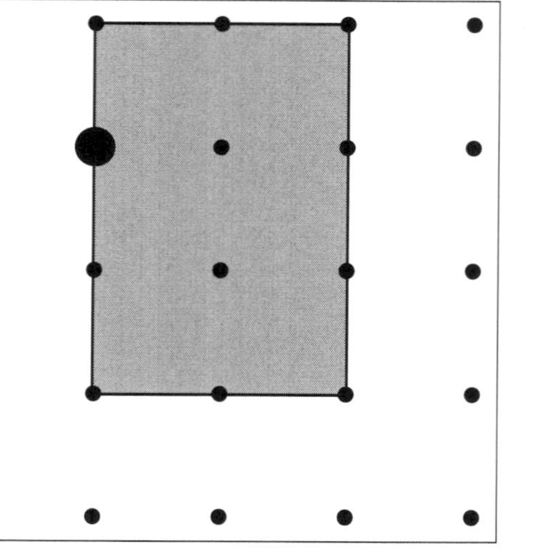

Lösung:

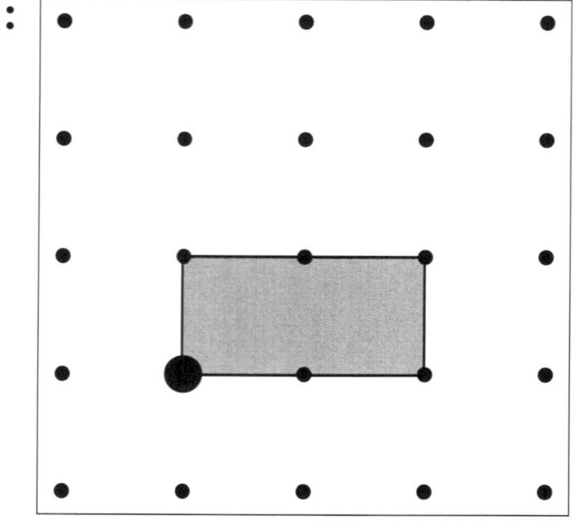

Lösung:

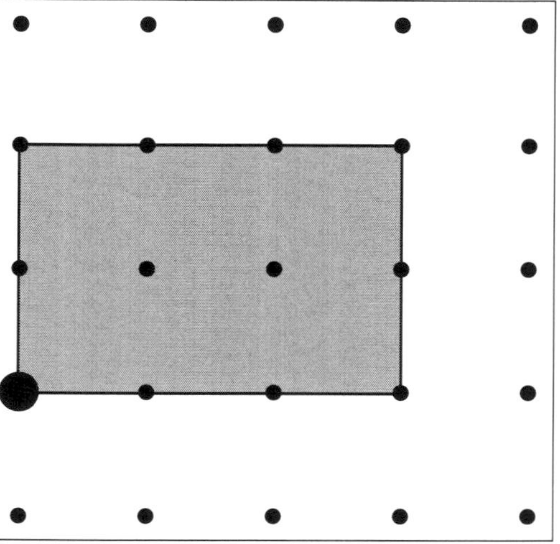

Lösung:

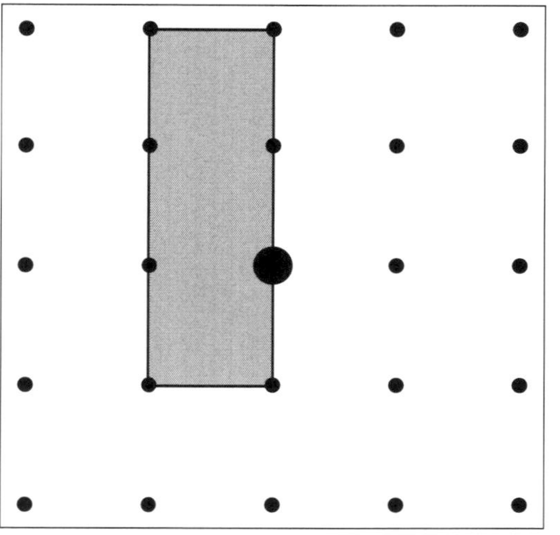

rechts – links, oben – unten 5

UU
LL
OO
RR

rechts – links, oben – unten 6

UU
RRRR
OO
LLLL

rechts – links, oben – unten 7

OOOO
L
UUUU
R

rechts – links, oben – unten 8

LLL
OO
RRR
UU

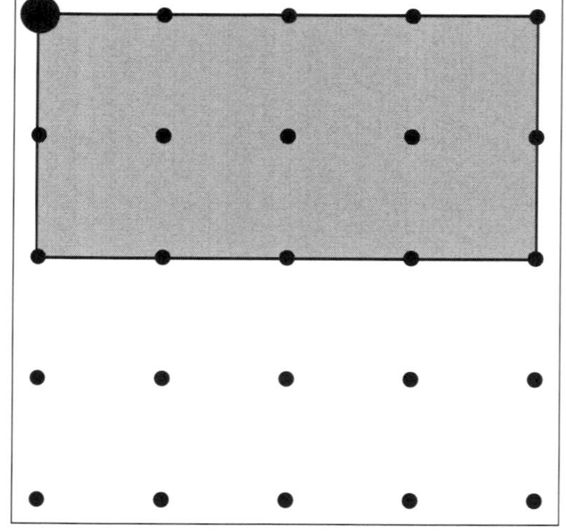

Lösung:

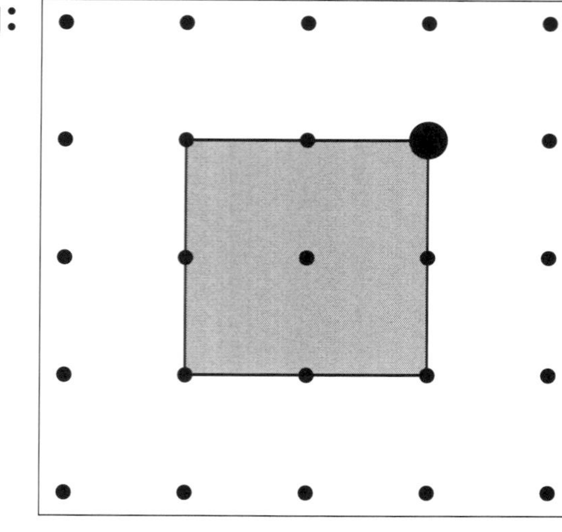

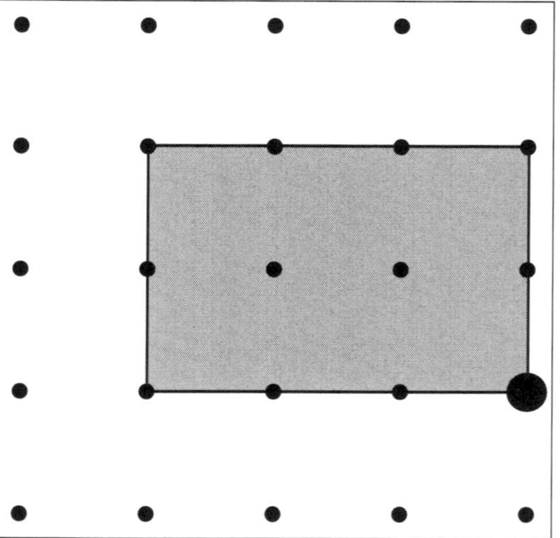

Lösung:

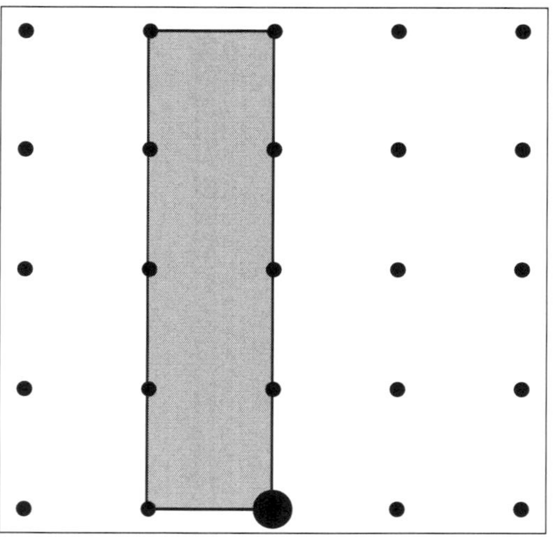

rechts – links, oben – unten 9

UU
RRR
OO
LLL

rechts – links, oben – unten 10

O
RR
O
LLLL
UU
RR

rechts – links, oben – unten 11

LL
U
L
OO
RRR
U

rechts – links, oben – unten 12

OOO
RRR
UUU
LLL

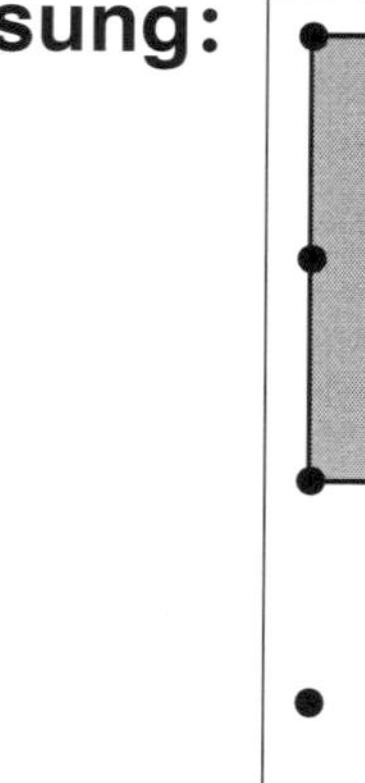

Lösung:

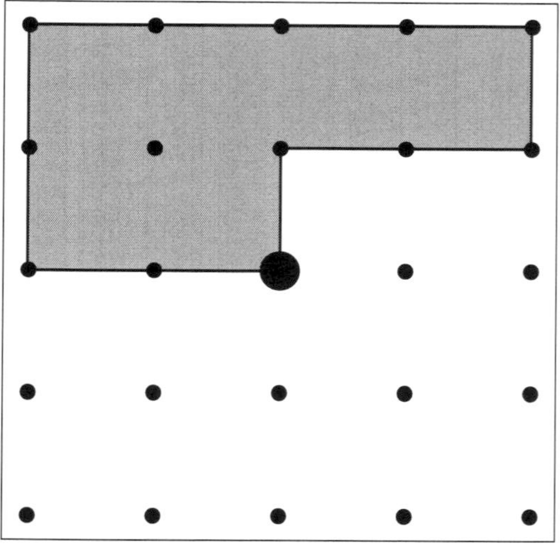

Lösung:

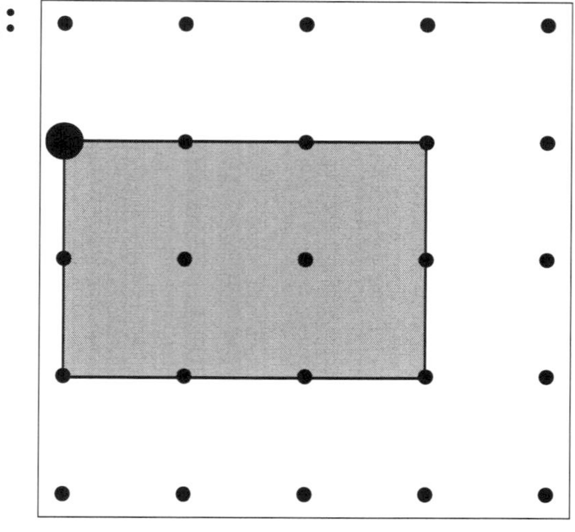

Lösung:

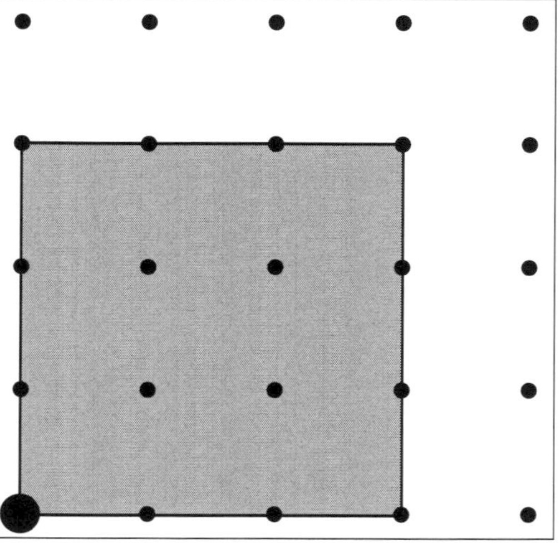

Lösung:

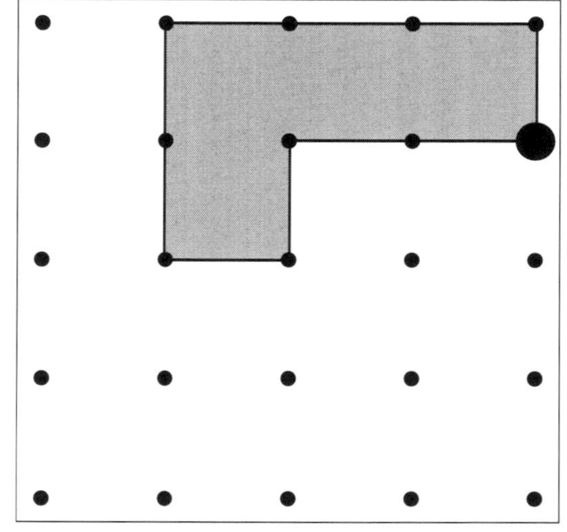

rechts – links, oben – unten 13

U
RRR
OOO
LL
UU
L

rechts – links, oben – unten 14

O
RR
UUUU
LL
OO

rechts – links, oben – unten 15

LL
UU
RR
U
R
OOO
L

rechts – links, oben – unten 16

R
OO
LL
UU
R

Lösung:

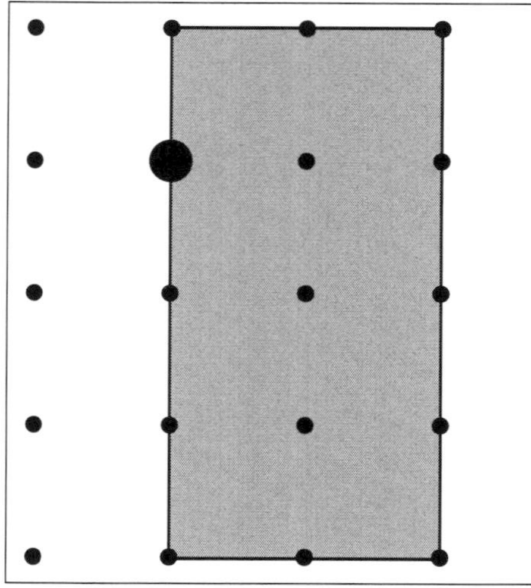

Lösung:

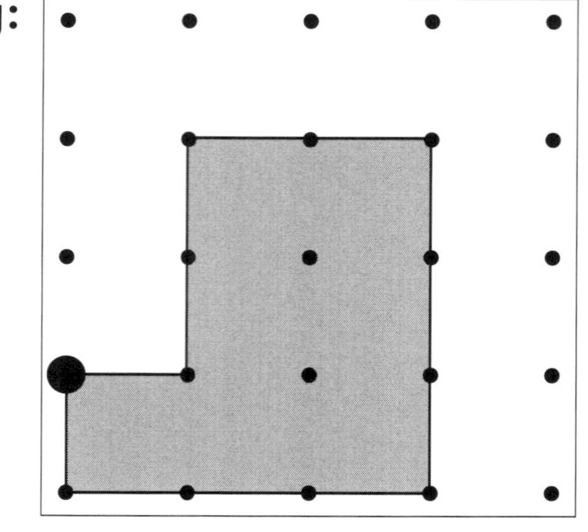

Lösung:

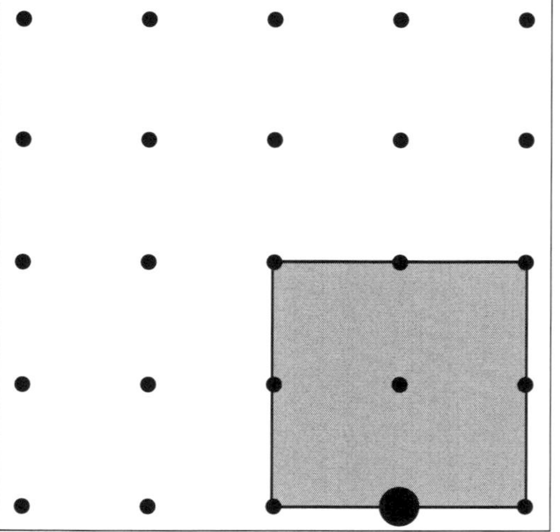

Lösung:

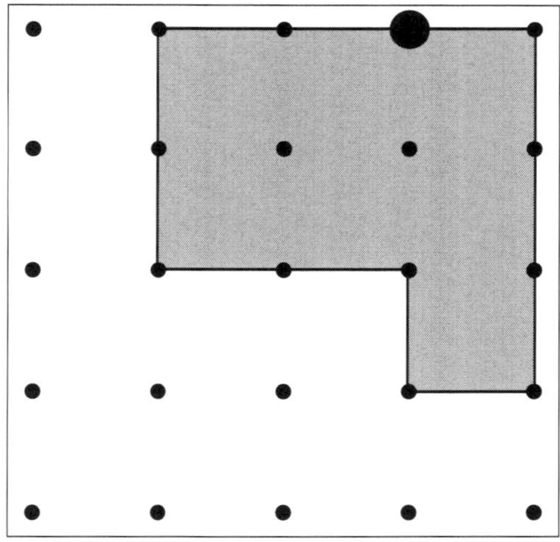

rechts – links, oben – unten 17

OO
LL
UUU
R
O
R

rechts – links, oben – unten 18

UU
LLL
OOO
RRR
U

rechts – links, oben – unten 19

RRR
U
LL
UU
L
OOO

rechts – links, oben – unten 20

O
RRR
UUU
LLL
OO

Lösung:

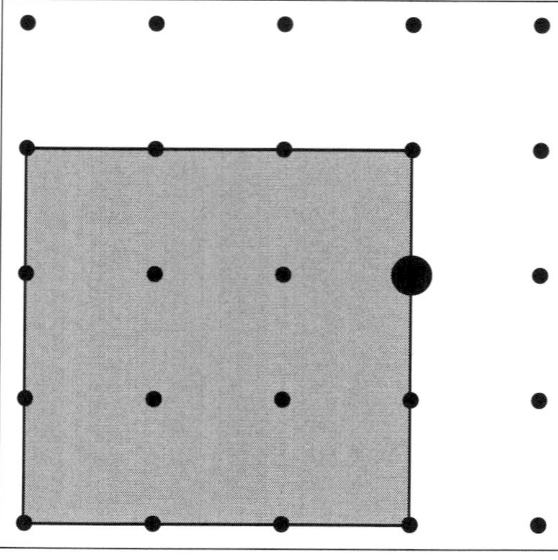

Lösung:

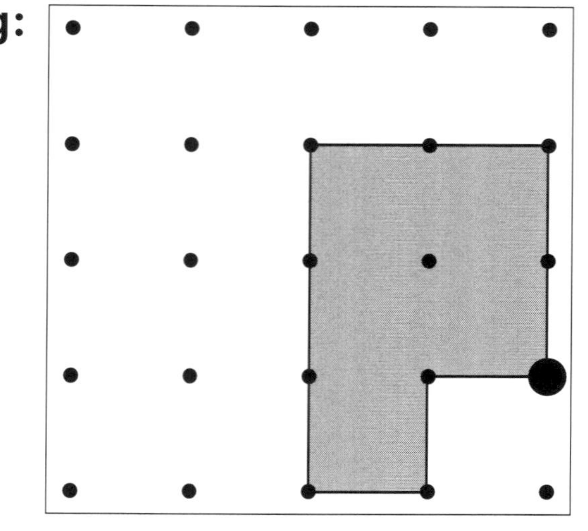

Lösung:

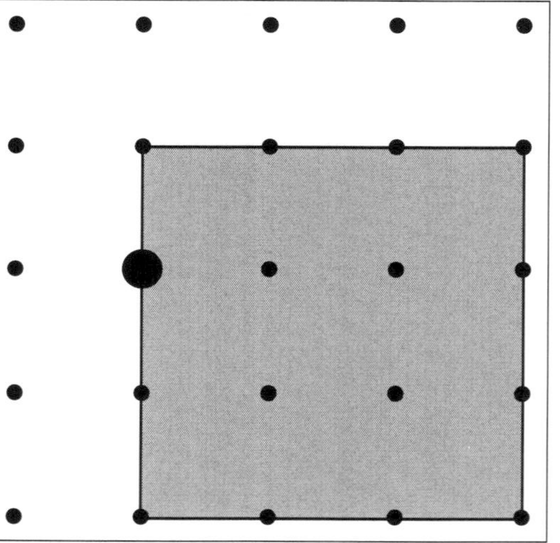

Lösung:

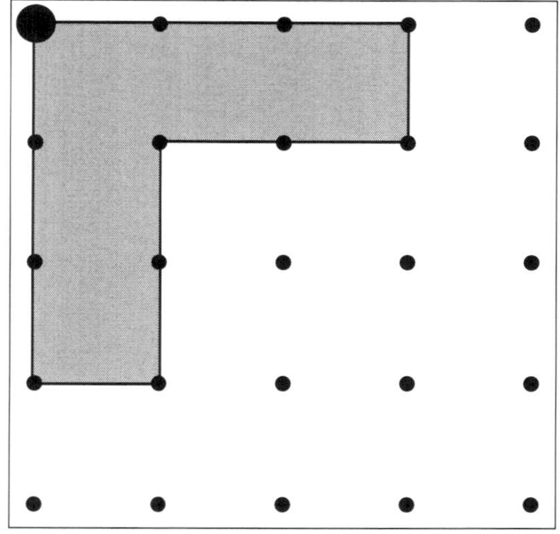

rechts – links, oben – unten 21

OO
RRR
UU
LLL

rechts – links, oben – unten 22

U
L
U
LL
OO
RRR

rechts – links, oben – unten 23

O
L
UUU
R
OO

rechts – links, oben – unten 24

LL
OOOO
RR
UUUU

Lösung:

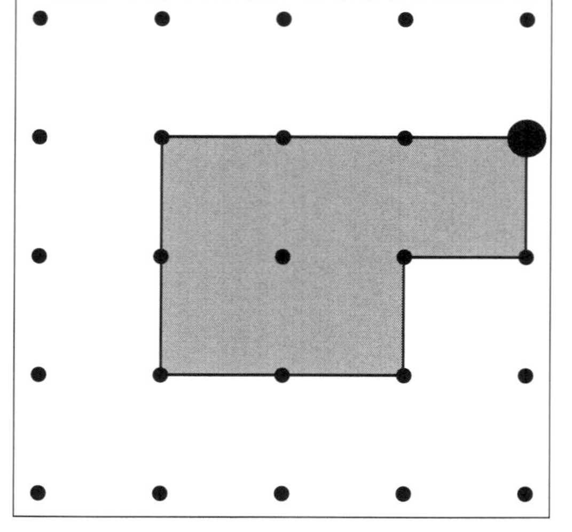

Lösung:

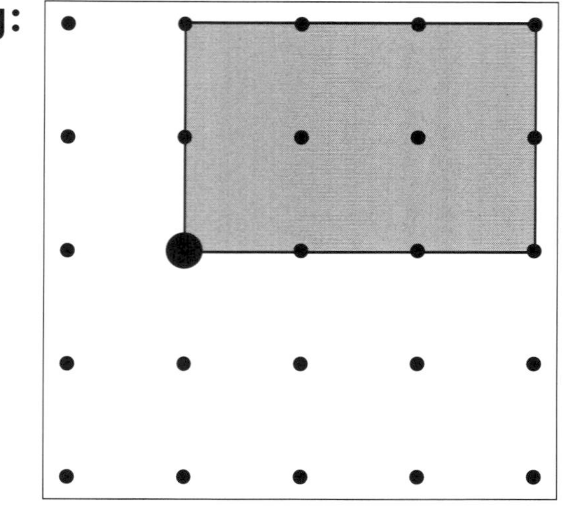

Lösung:

Lösung:

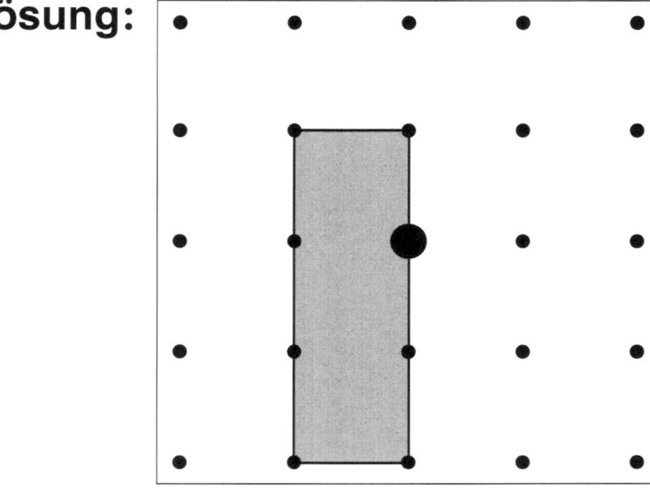

rechts – links, oben – unten (diagonal) 1

RO
OO
L
UUU

rechts – links, oben – unten (diagonal) 2

RU
OO
LU

rechts – links, oben – unten (diagonal) 3

RU
LU
LO
RO

rechts – links, oben – unten (diagonal) 4

OO
RO
RU
UU
LL

Lösung:

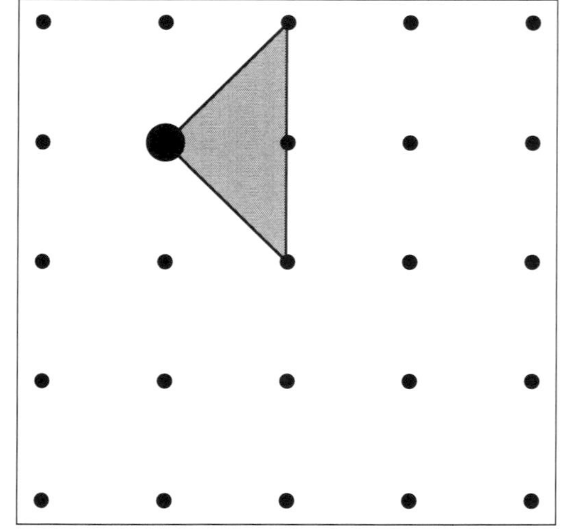

Lösung:

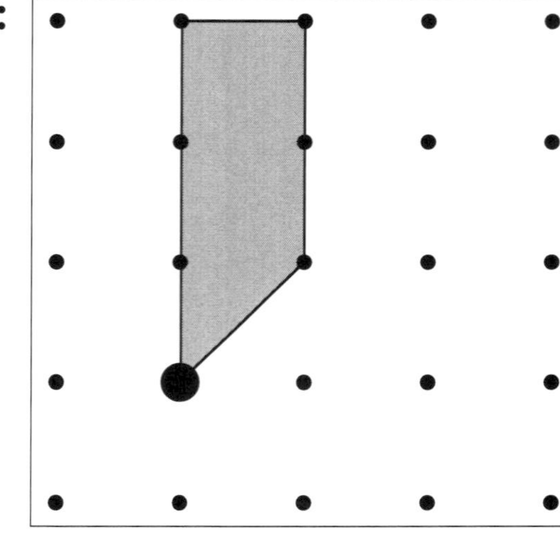

Lösung:

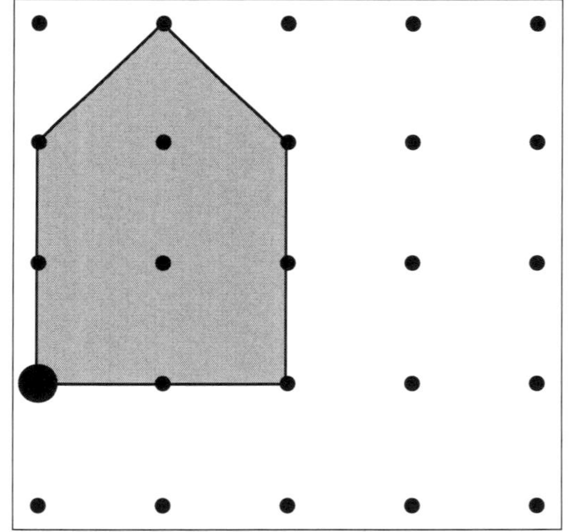

Lösung:

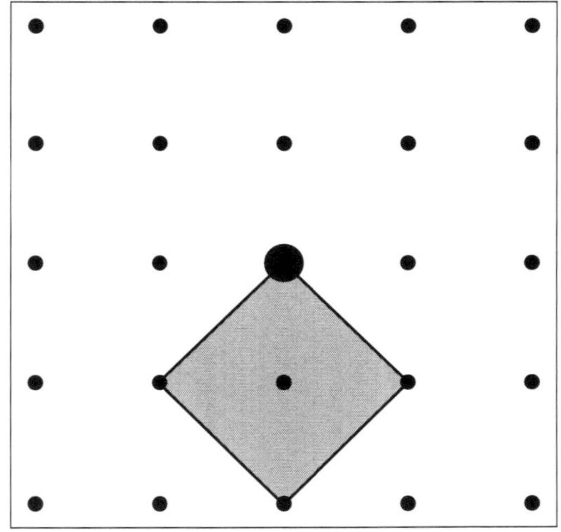

Lüttringhaus/Metz: Das kleine Geobrett · 1./2. Klasse · Best.-Nr. 408

rechts – links, oben – unten (diagonal) 5

RR
LUU
L
OO

rechts – links, oben – unten (diagonal) 6

RO
RR
UU
LL
LO

rechts – links, oben – unten (diagonal) 7

OO
LLU
UU
ORR

rechts – links, oben – unten (diagonal) 8

LLL
OO
RR
RUU

Lösung:

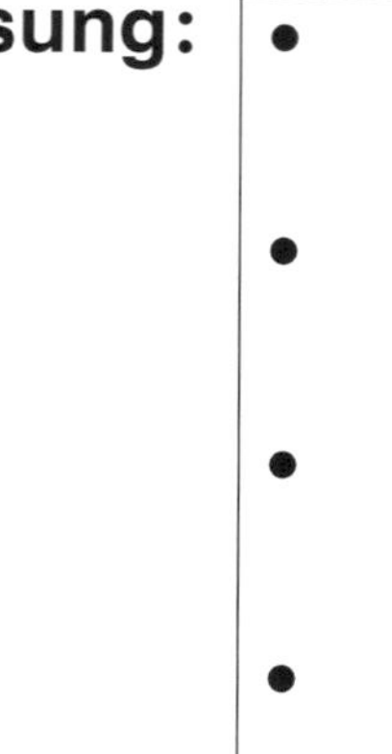
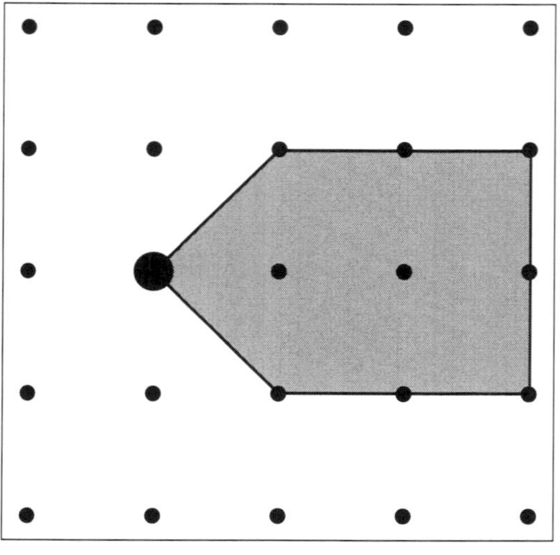

Lösung:

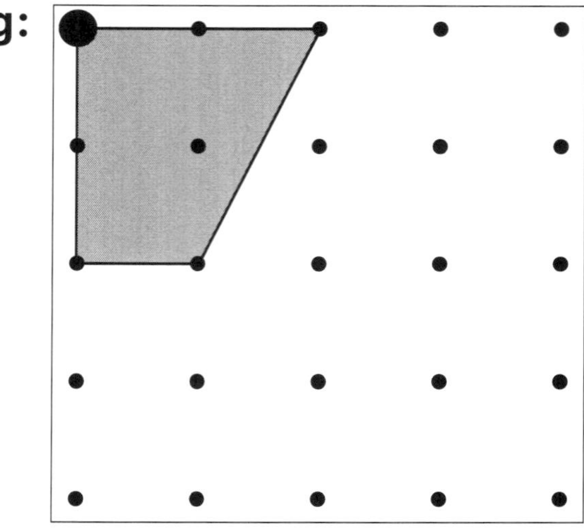

Lösung:

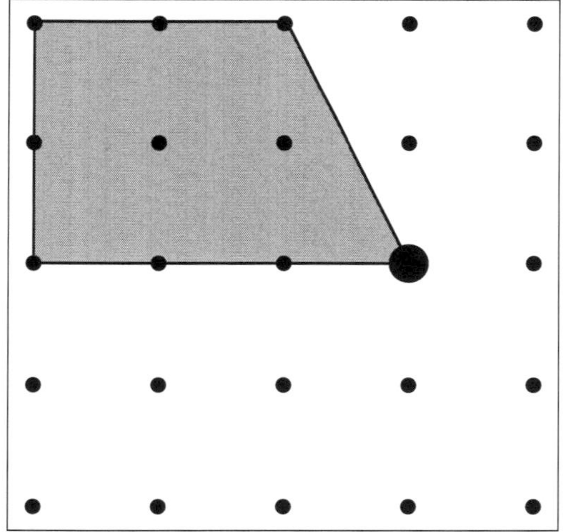

Lösung:

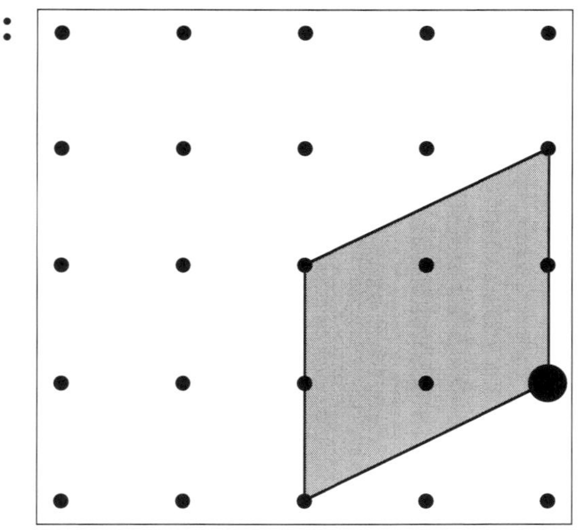

rechts – links, oben – unten (diagonal) 9

LLUU
OOOL
RRRU

rechts – links, oben – unten (diagonal) 10

RRR
U
ULL
OOL

rechts – links, oben – unten (diagonal) 11

ROO
LLO
LUU
RRU

rechts – links, oben – unten (diagonal) 12

LOO
LLLUU
RRRU
RO

Lösung:

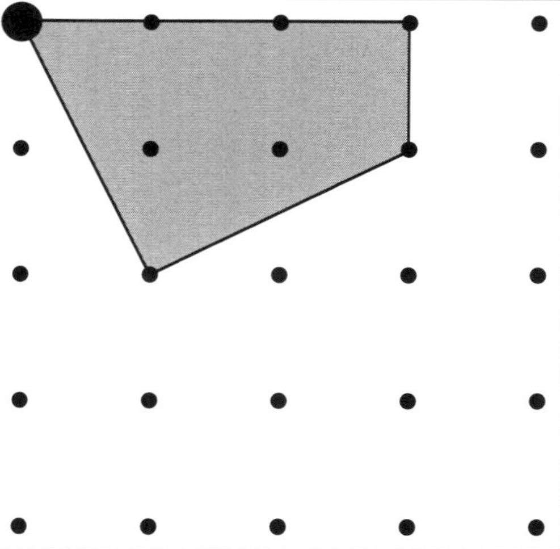

Lösung:

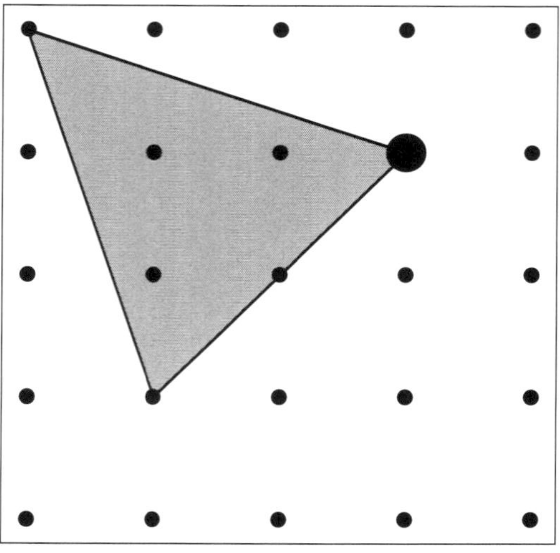

Lösung:

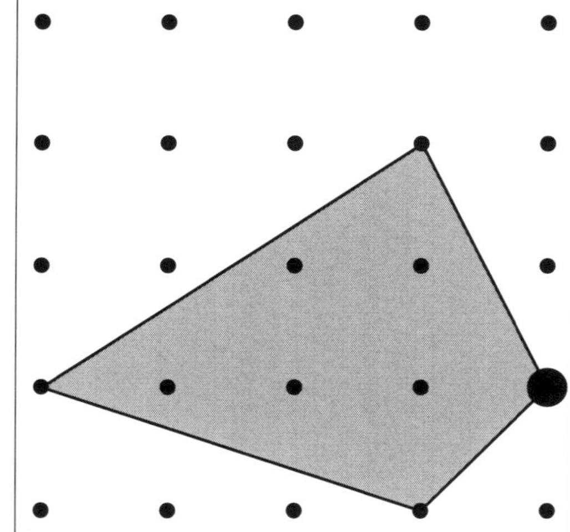

Lösung:

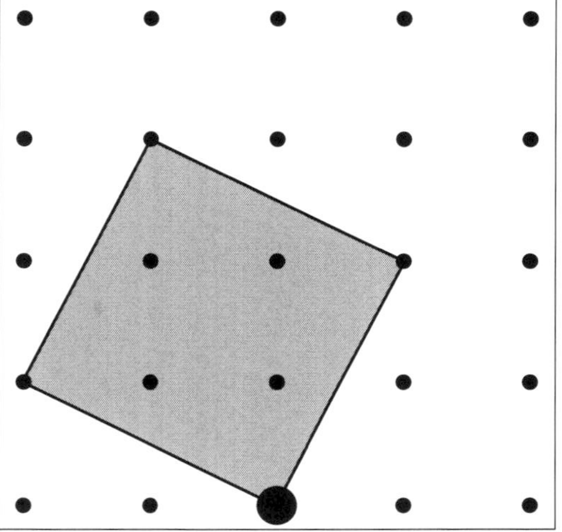

rechts – links, oben – unten (diagonal) **13**

UU
RR
OOOR
LLO
LUU

rechts – links, oben – unten (diagonal) **14**

LLO
LLUUU
RRU
RRO
OO

rechts – links, oben – unten (diagonal) **15**

ROO
RUU
LUU
LLO
RO

rechts – links, oben – unten (diagonal) **16**

LL
LOO
RRO
RRU
LUU

Lösung:

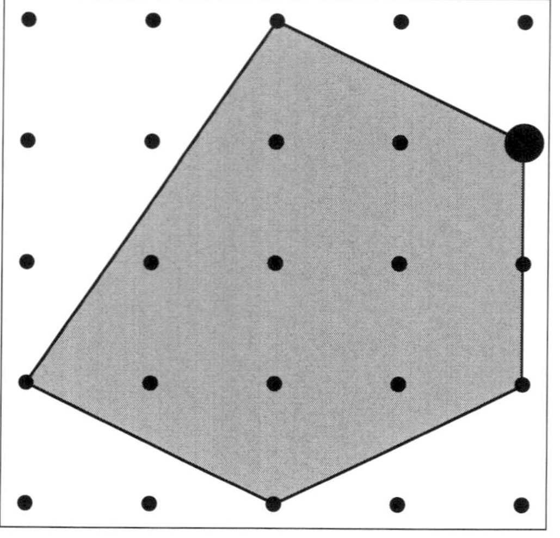

Lösung:

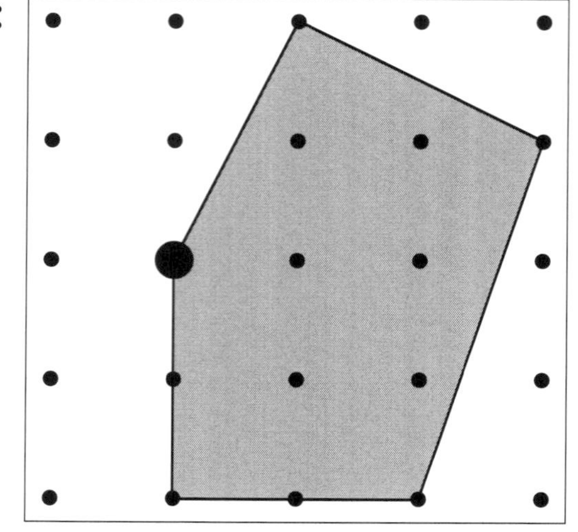

Lösung:

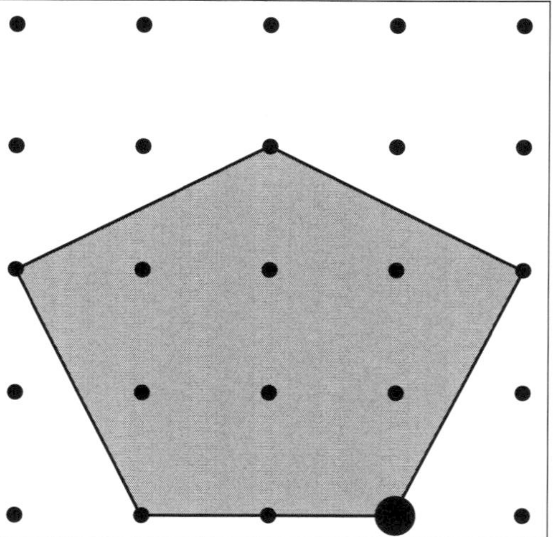

Lösung:

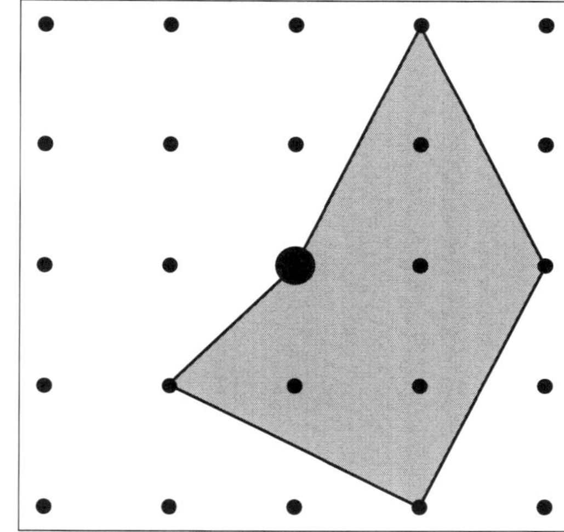

rechts – links, oben – unten (diagonal) 17

ROO
RUU
RRO
LLUU
LLO

rechts – links, oben – unten (diagonal) 18

OO
RRUU
LLUU
LLOO
RR

rechts – links, oben – unten (diagonal) 19

RO
RRUU
LUU
LLLO
ROO

rechts – links, oben – unten (diagonal) 20

LO
RRO
LO
RRRUU
LLLU

Lösung:

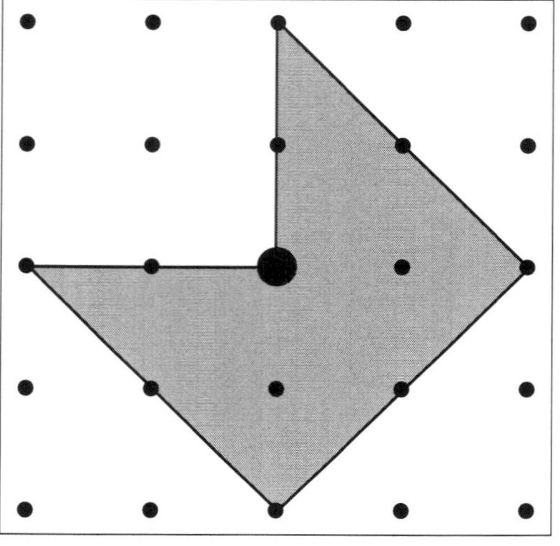

Lösung:

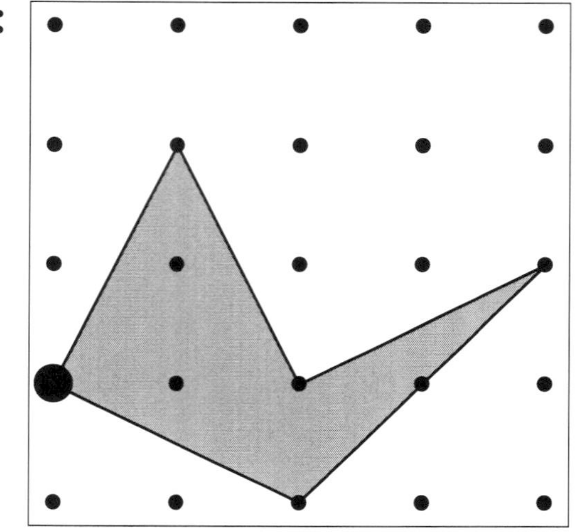

Lösung:

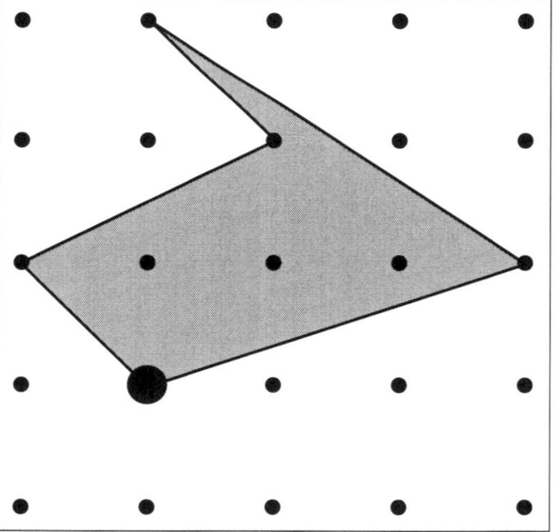

Lösung:

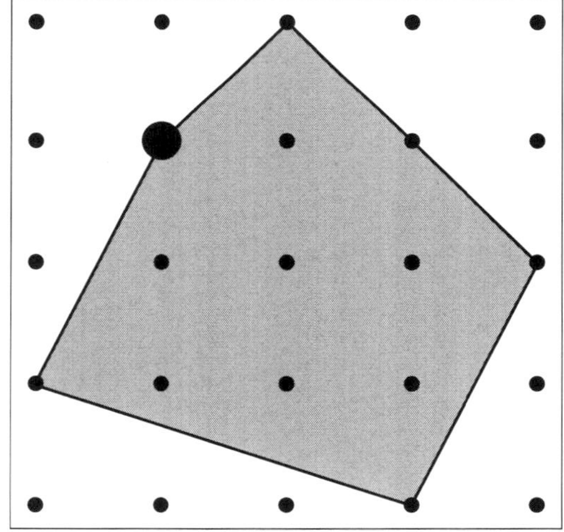

3. Flächenformen

3.1 Einführung

3.1.1 Eigenschaften von Vierecken

		Viereck	Drachen	Rechteck	Raute	Quadrat
Ecken	vier Ecken	X	X	X	X	X
Seiten	gegenüber-liegende Seiten gleich lang			X	X	X
	benachbarte Seiten gleich lang		X		X	X
	alle Seiten gleich lang				X	X
Winkel	rechter Winkel			X		X

Welche Vierecke haben gleich lange gegenüberliegende Seiten?

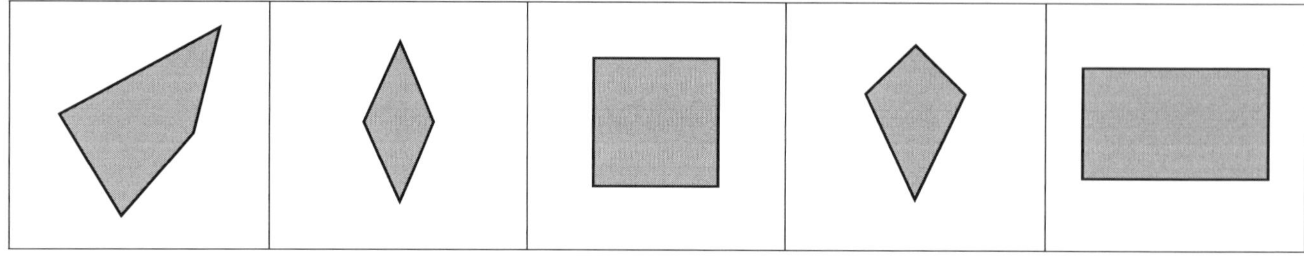

Welche Vierecke haben einen rechten Winkel?

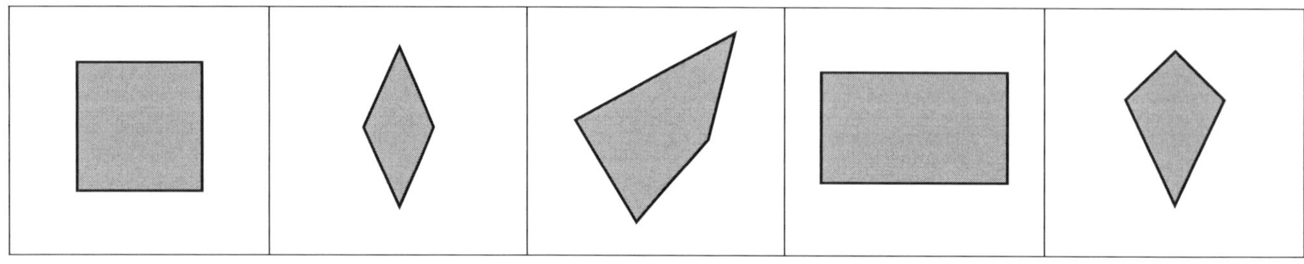

Welche Vierecke haben benachbarte gleich lange Seiten?

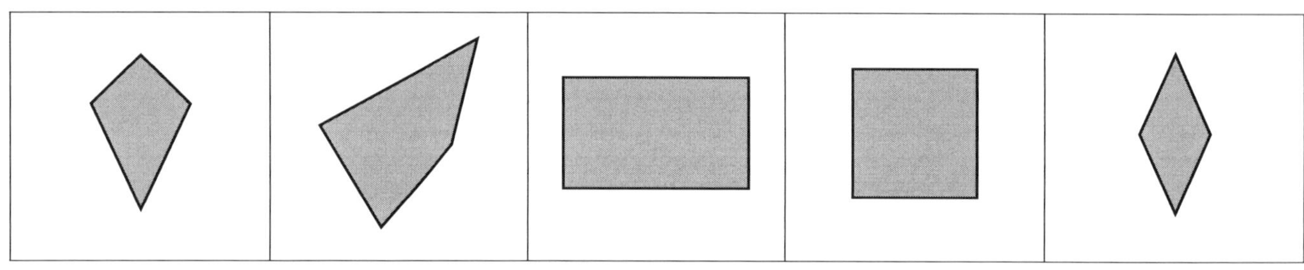

Welche Figuren haben vier Ecken?

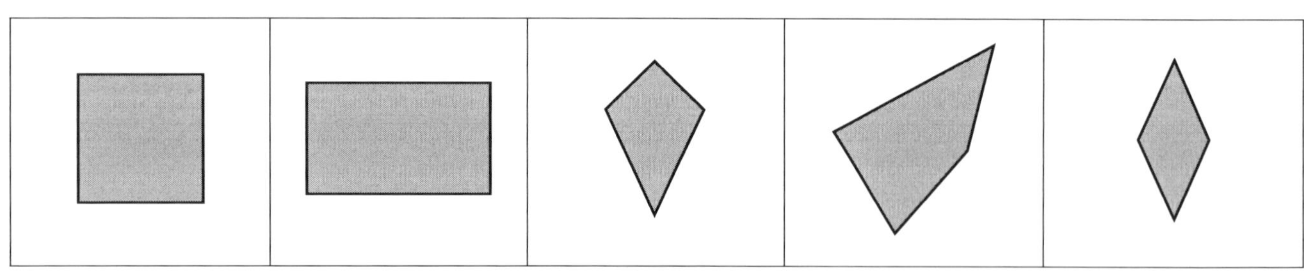

Welche Vierecke haben vier gleich lange Seiten?

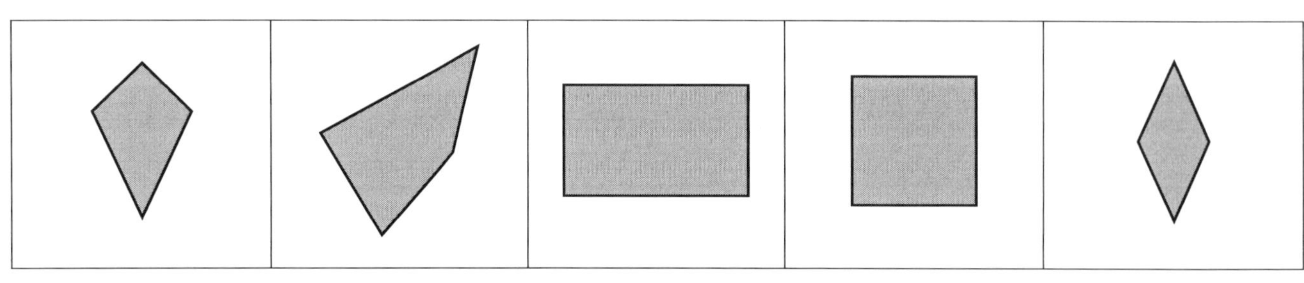

3.1.2 Quadrat

Ziele:

- Das räumliche Sehen wird gefördert.
- Die Konzentrationsfähigkeit wird gefördert.
- Die Eigenschaften des Quadrats treten offensichtlich hervor.
- Ein Gefühl für die Eigenschaften des Quadrats wird erzeugt und gefestigt.

Als Folien können die Karteikarten zur **Einführung** der Eigenschaften des Quadrats eingesetzt werden.

In der **Freiarbeit** oder in der **Wochenplanarbeit** können die Schülerinnen und Schüler selbstständig die Karteikarten bearbeiten.

Folie zur Einführung:

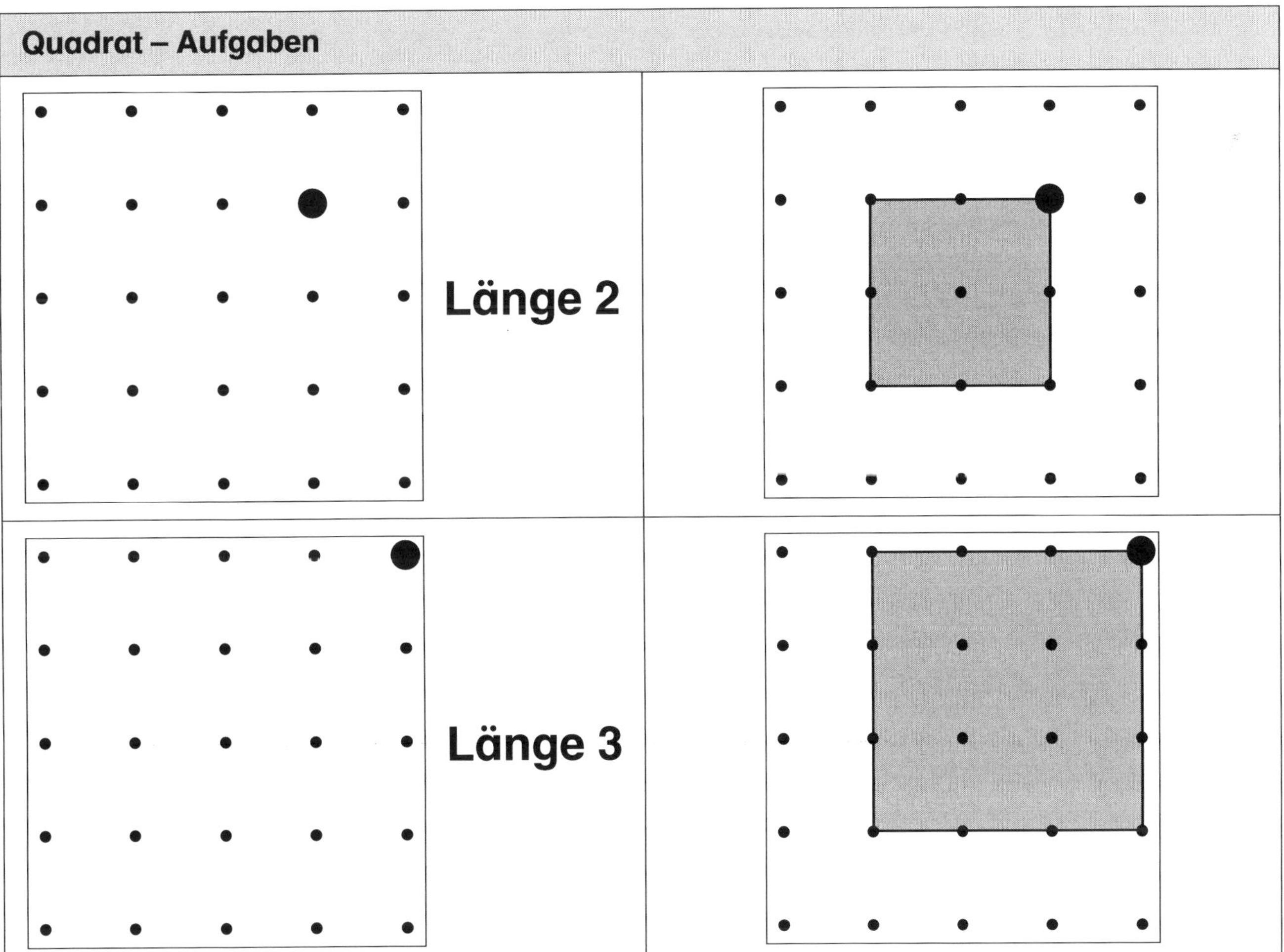

3.1.3 Rechteck

Ziele:

- Das räumliche Sehen wird gefördert.
- Die Konzentrationsfähigkeit wird gefördert.
- Die Eigenschaften des Rechtecks treten offensichtlich hervor.
- Ein Gefühl für die Eigenschaften des Rechtecks wird erzeugt und gefestigt.
- Das Quadrat wird als besonderes Rechteck erkannt (Karte Rechteck 11).

Als Folien können die Karteikarten zur **Einführung** der Eigenschaften des Rechtecks eingesetzt werden.

In der **Freiarbeit** oder in der **Wochenplanarbeit** können die Schülerinnen und Schüler selbstständig die Karteikarten bearbeiten.

Folie zur Einführung:

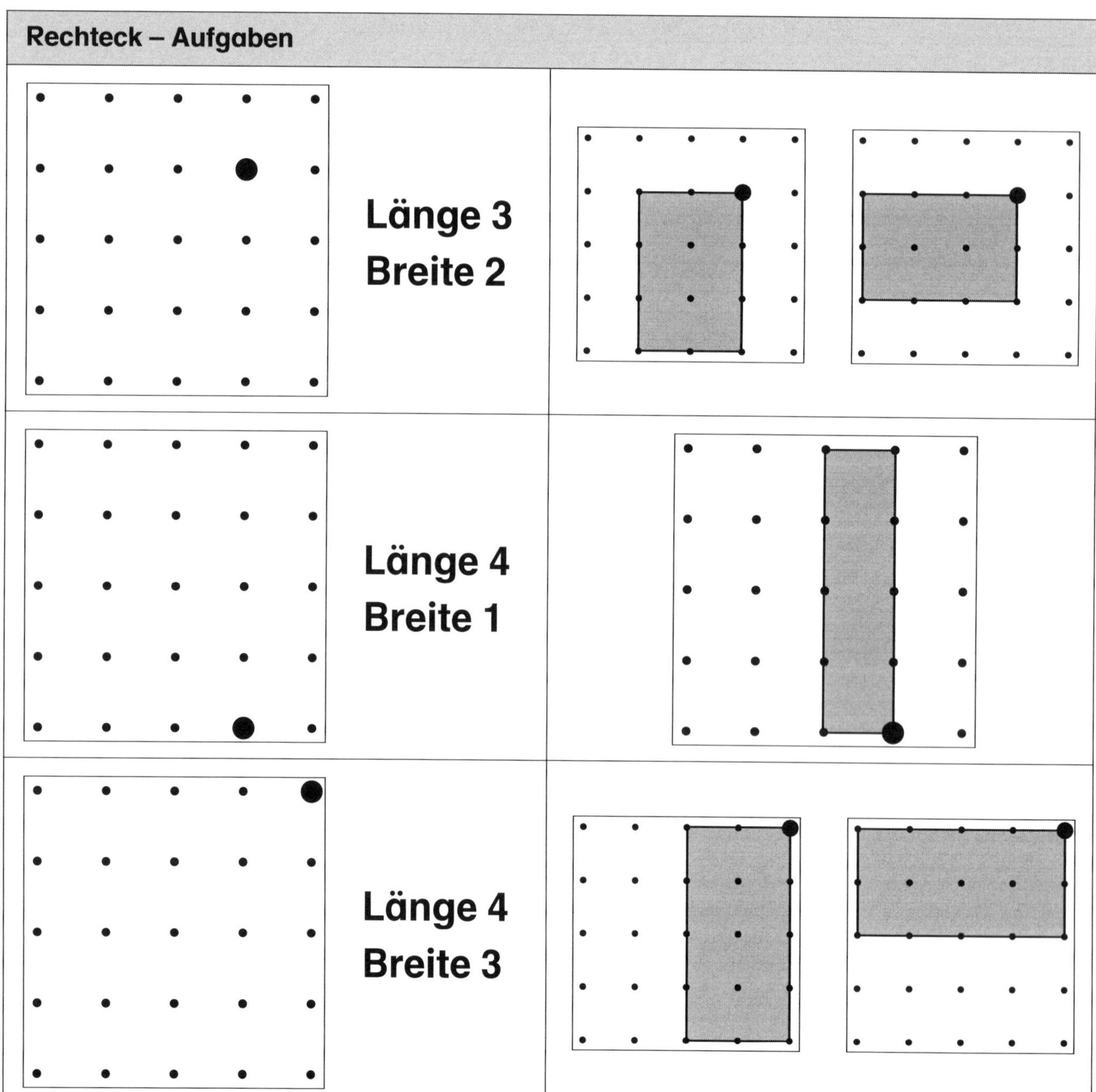

3.1.4 *Viereck*

Ziele:

- Das räumliche Sehen wird gefördert.
- Die Konzentrationsfähigkeit wird gefördert.
- Die Eigenschaften des Vierecks treten im Vergleich zu den Eigenschaften von Quadrat und Rechteck offensichtlich hervor.

Als Folien können die Karteikarten zur **Einführung** der Eigenschaften des Vierecks eingesetzt werden.

In der **Freiarbeit** oder in der **Wochenplanarbeit** können die Schülerinnen und Schüler selbstständig die Karteikarten bearbeiten.

Folie zur Einführung:

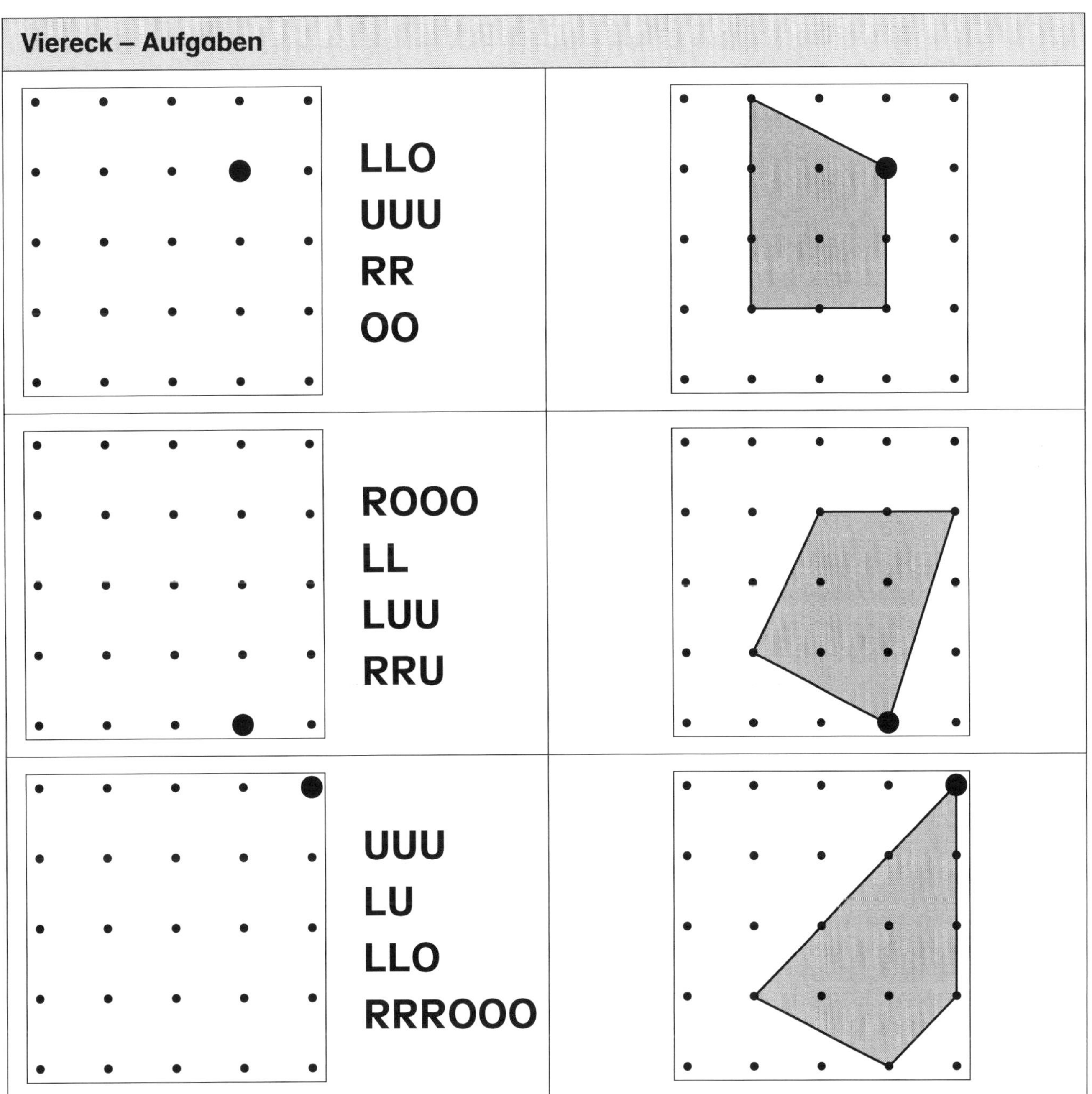

3.1.5 Raute

Ziele:

- Das räumliche Sehen wird gefördert.
- Die Konzentrationsfähigkeit wird gefördert.
- Ein Gefühl für die Eigenschaften der Raute wird erzeugt.
- Das Quadrat wird als besondere Raute erkannt (Karte Raute 9/12).

Als Folien können die Karteikarten zur **Einführung** der Eigenschaften der Raute eingesetzt werden.

In der **Freiarbeit** oder in der **Wochenplanarbeit** können die Schülerinnen und Schüler selbstständig die Karteikarten bearbeiten.

Folie zur Einführung:

Raute – Aufgaben

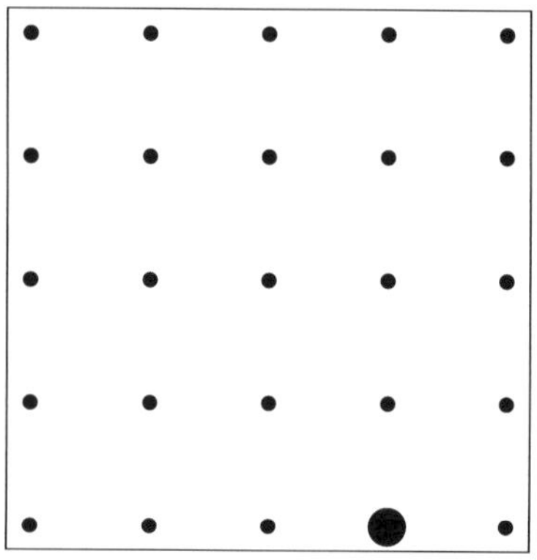

ROO
LOO
LUU
RUU

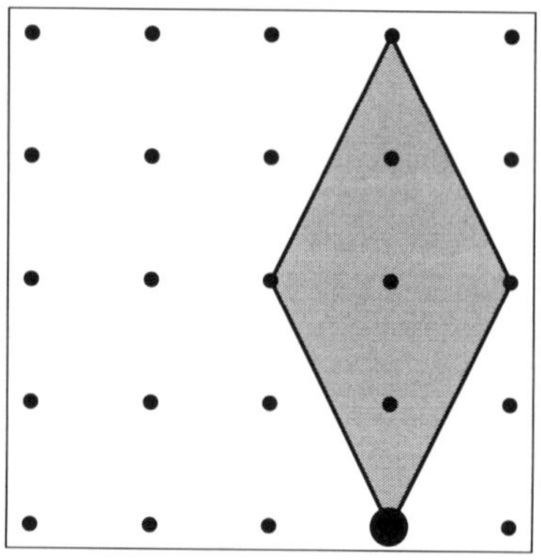

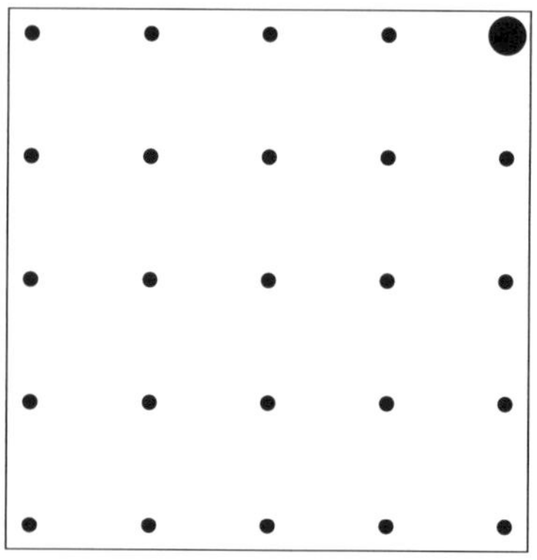

LUU
LLU
ROO
RRO

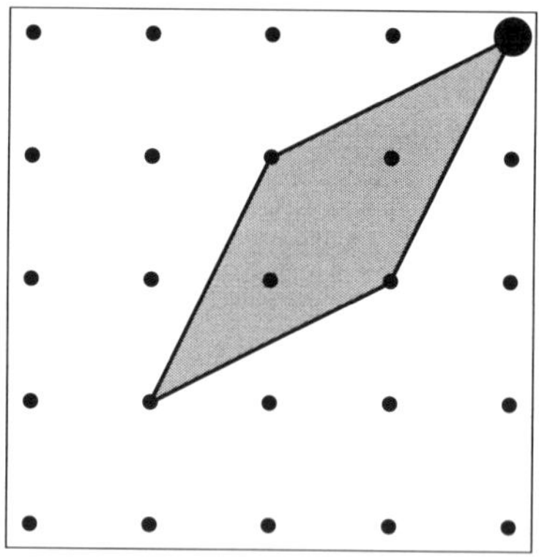

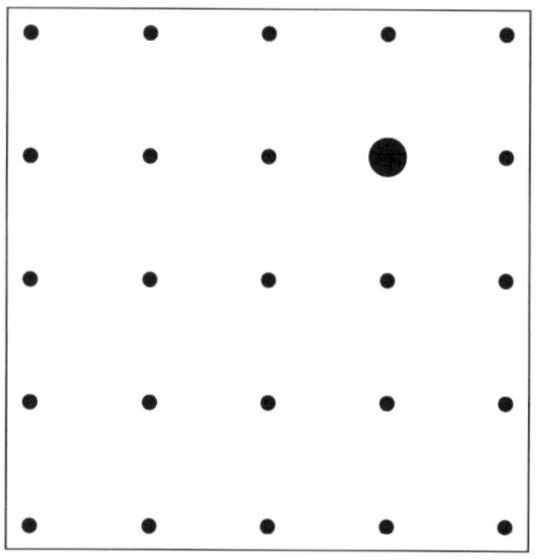

UU
LL
OO
RR

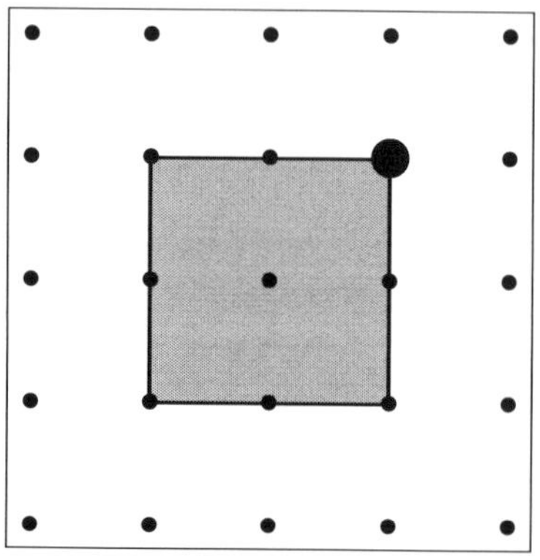

3.1.6 *Drachen*

Ziele:

- Das räumliche Sehen wird gefördert.
- Die Konzentrationsfähigkeit wird gefördert.
- Ein Gefühl für die Eigenschaften des Drachens wird erzeugt.
- Raute und Quadrat werden als besondere Formen von Drachen erkannt (Karte Drachen 13/16).

Als Folien können die Karteikarten zur **Einführung** der Eigenschaften des Drachens eingesetzt werden.

In der **Freiarbeit** oder in der **Wochenplanarbeit** können die Schülerinnen und Schüler selbstständig die Karteikarten bearbeiten.

Folie zur Einführung:

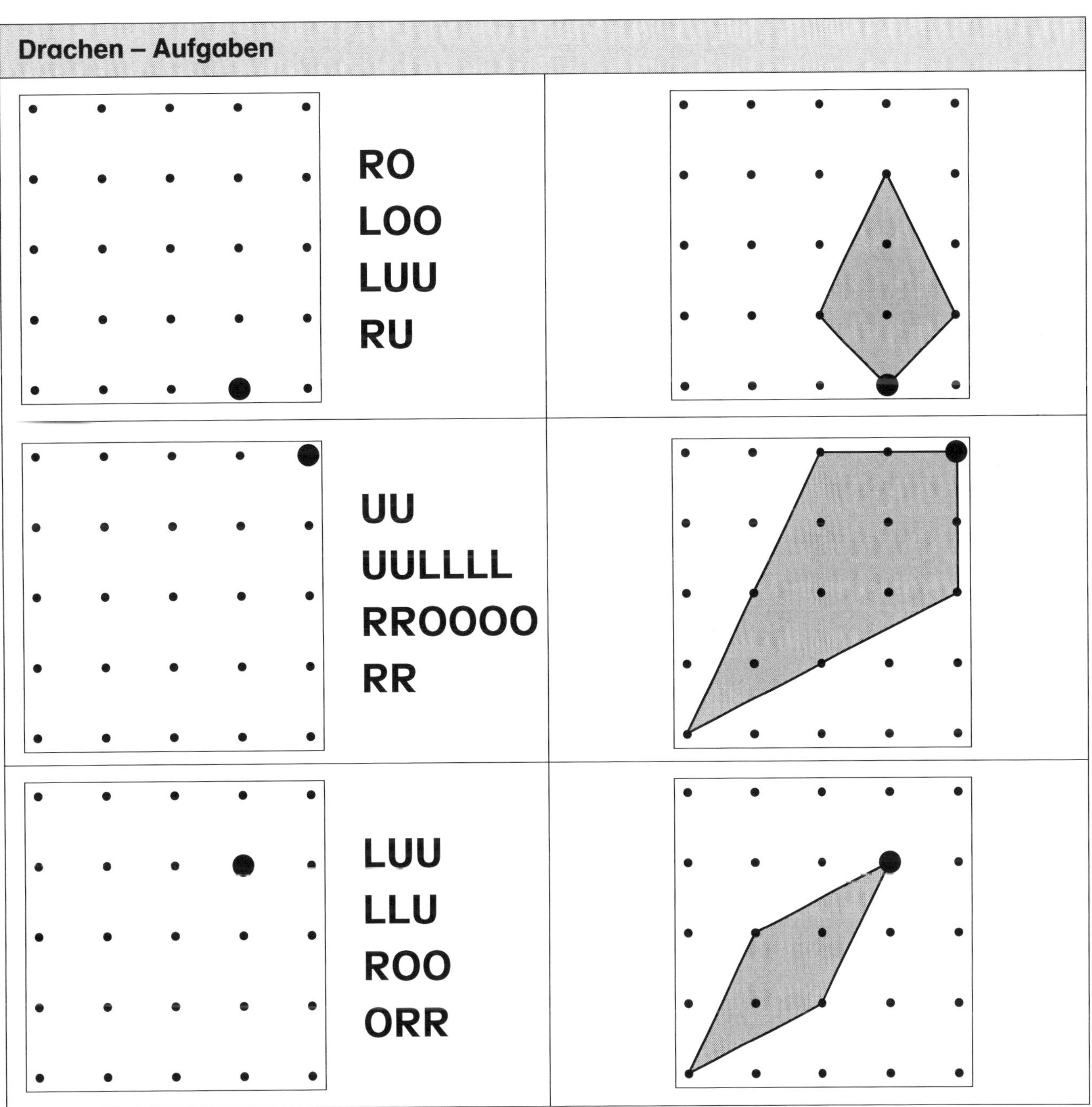

3.1.7 *Welches Viereck ist das?*

Ziele:

- Das räumliche Sehen wird gefördert.
- Die Konzentrationsfähigkeit wird gefördert.
- Die verschiedenen Arten von Vierecken werden unterschieden.
- Die Eigenschaften der verschiedenen Vierecke werden wiederholt und gefestigt.

Als Folien können die Karteikarten zur **Wiederholung und Vertiefung** der Eigenschaften von Vierecken eingesetzt werden.

In der **Freiarbeit** oder in der **Wochenplanarbeit** können die Schülerinnen und Schüler selbstständig die Karteikarten bearbeiten.

Folie zur Einführung:

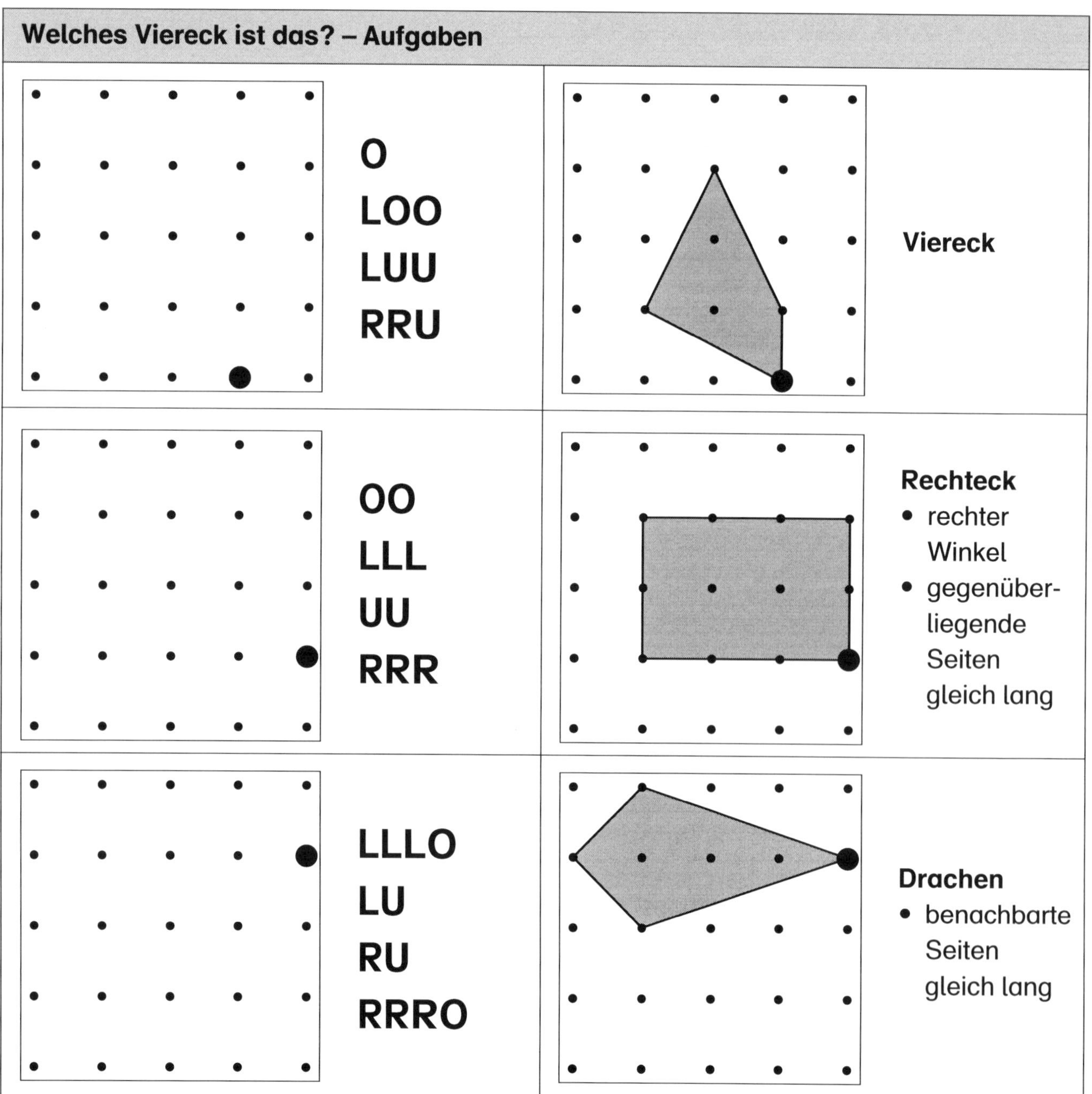

Welches Viereck ist das? – Aufgaben

	RRU RUU LLO OOL		**Raute** • vier gleich lange Seiten
	OO ULLL RUU ORR		**Viereck**
	R OOO LLL UUU RR		**Quadrat** • rechter Winkel • alle Seiten gleich lang
	LL LOOO RRRU UU		**Drachen** • benachbarte Seiten gleich lang

Welches Viereck ist das? – Aufgaben

Aufgabe	Lösung
LOO OLL UUR RRU	**Raute** • vier gleich lange Seiten
ROO LO L RUUU	**Viereck**
O RRRR U LLLL	**Rechteck** • rechter Winkel • gegenüberliegende Seiten gleich lang
UUU LLL OOO RRR	**Quadrat** • rechter Winkel • alle Seiten gleich lang

Quadrat 1

Länge 2

Quadrat 2

Länge 4

Quadrat 3

Länge 3

Quadrat 4

Länge 2

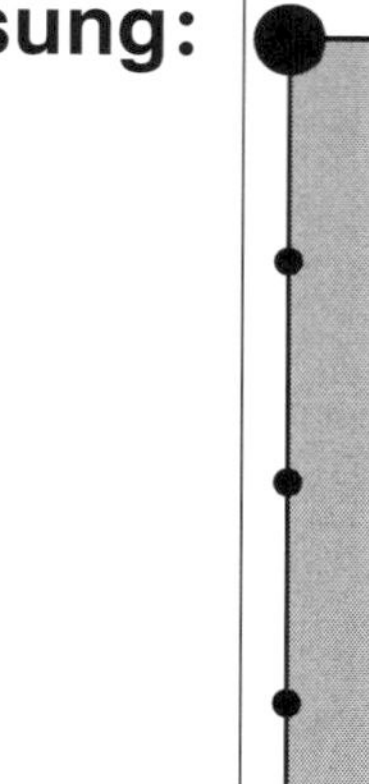

Lösung:

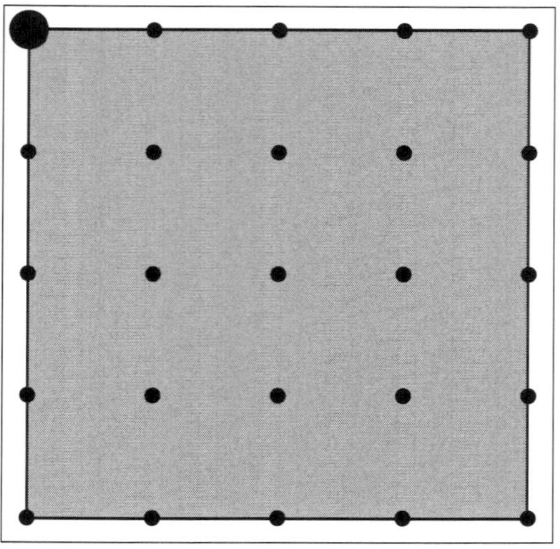

Lösung:

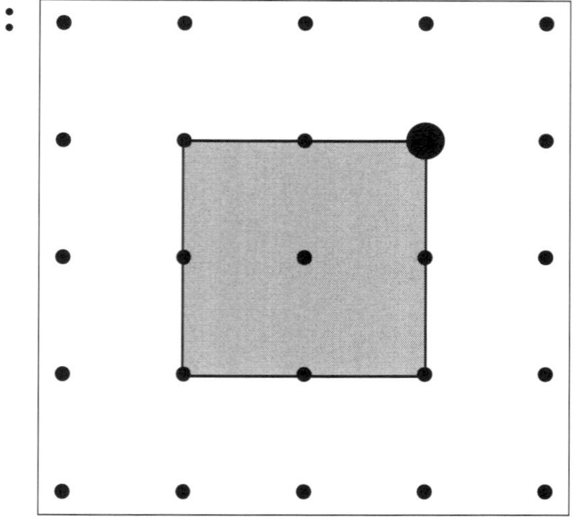

Lösung:

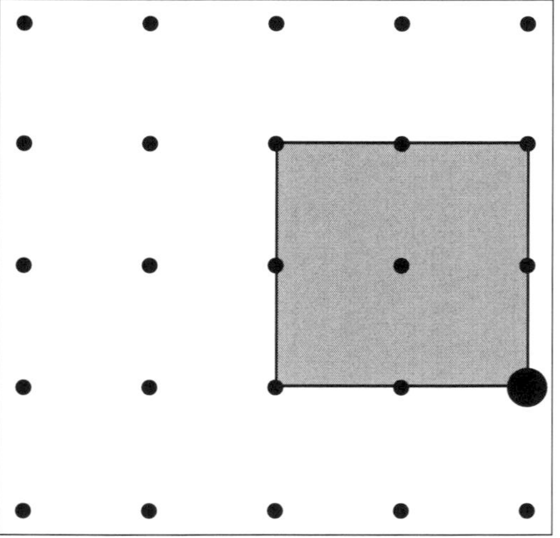

Lösung:

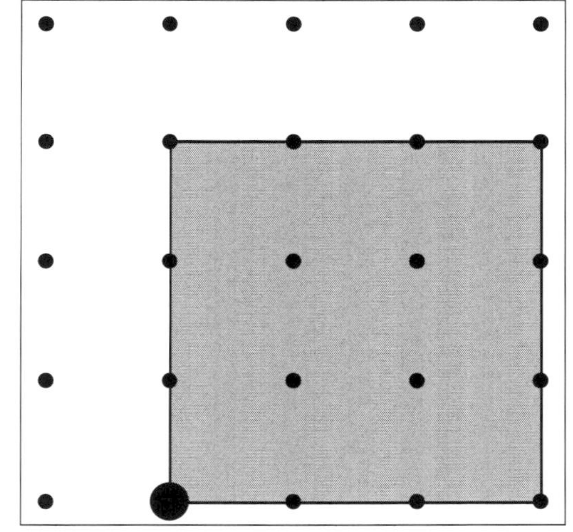

Quadrat **5**

Länge 2

Quadrat **6**

Länge 2

Quadrat **7**

Länge 1

Quadrat **8**

Länge 3

Lösung:

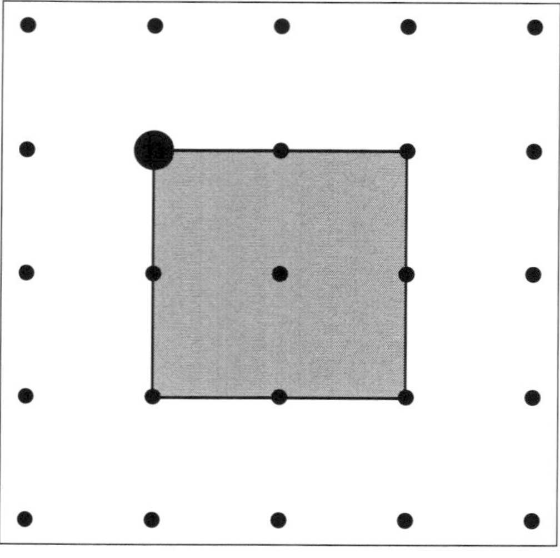

Lösung:

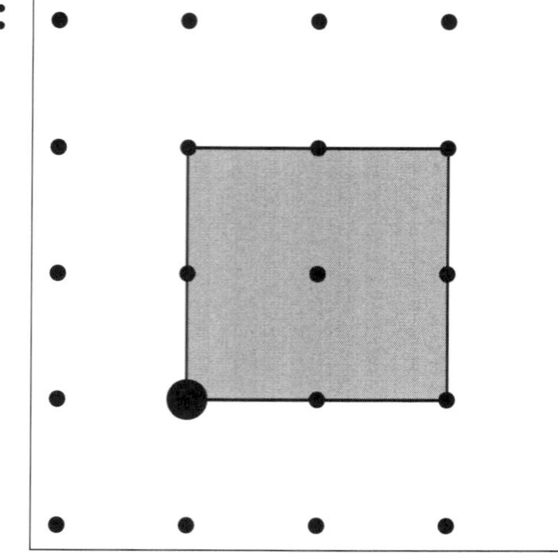

Lösung:

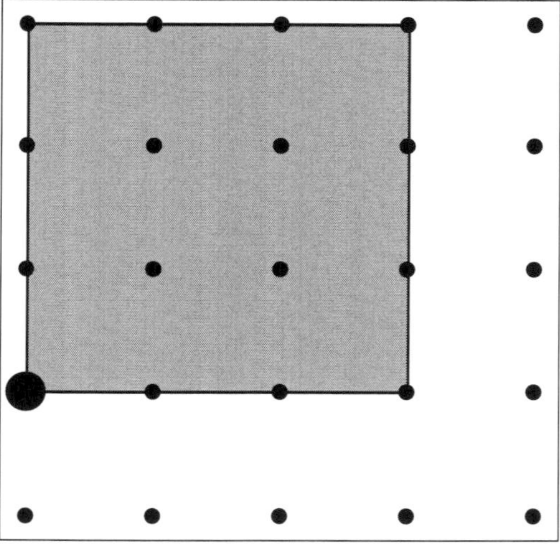

Lösung:

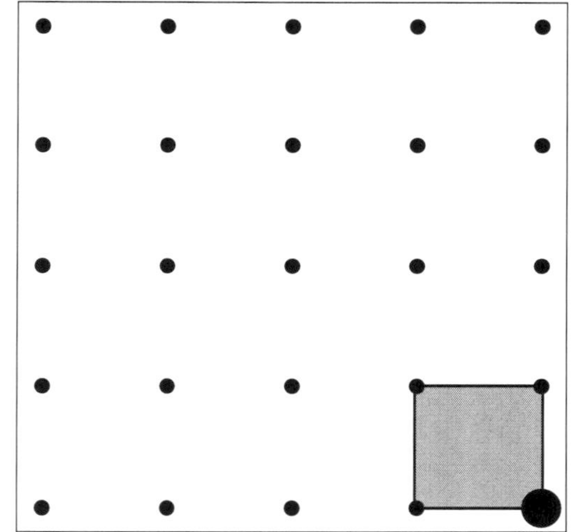

Quadrat **9**

Länge 3

Quadrat **10**

Länge 4

Quadrat **11**

Länge 1

Quadrat **12**

Länge 2

Lösung:

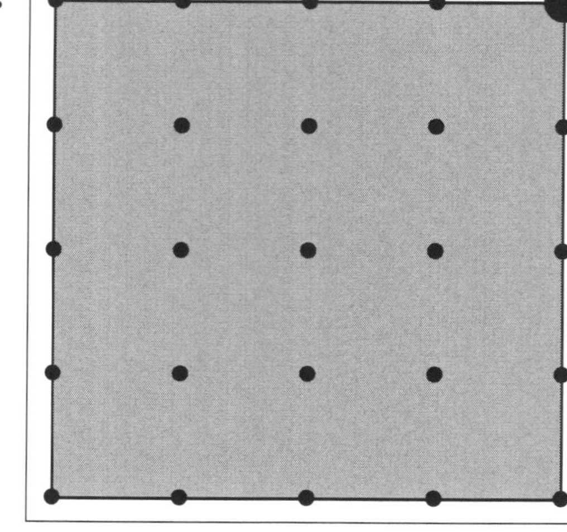

Lösung:

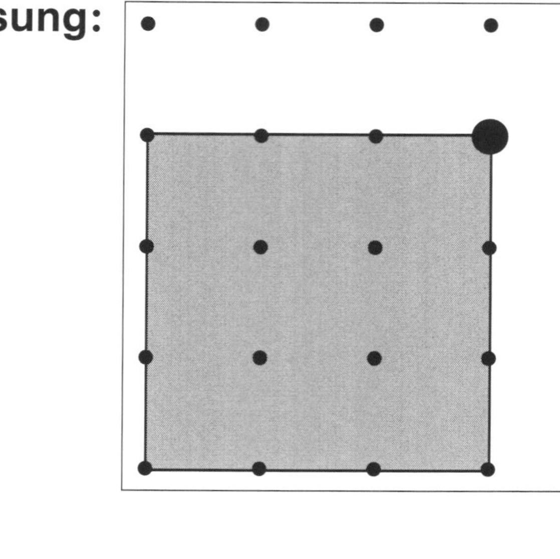

Lösung:

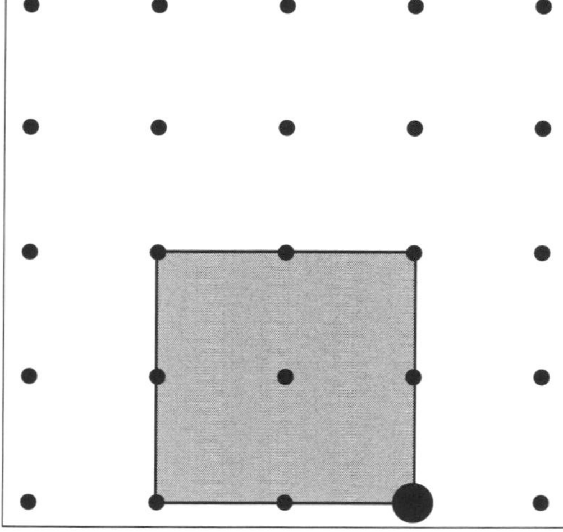

Lösung:

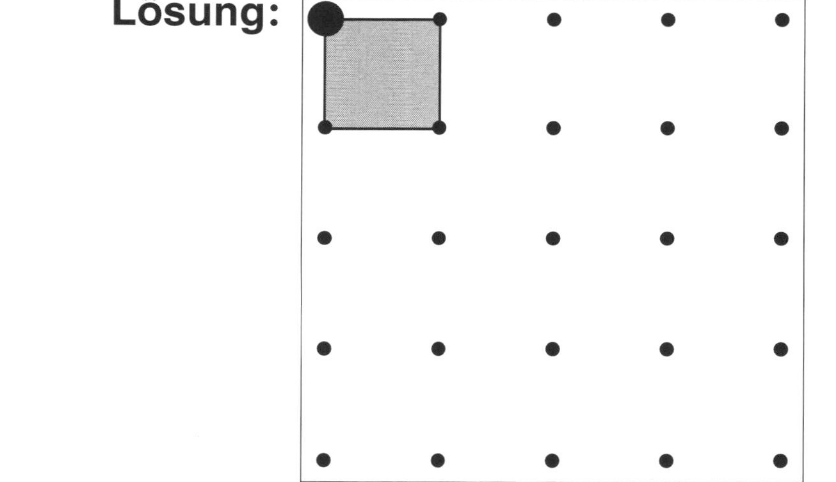

Quadrat **13**

Länge 2

Quadrat **14**

Länge 3

Quadrat **15**

Länge 2

Quadrat **16**

Länge 1

Lösung:

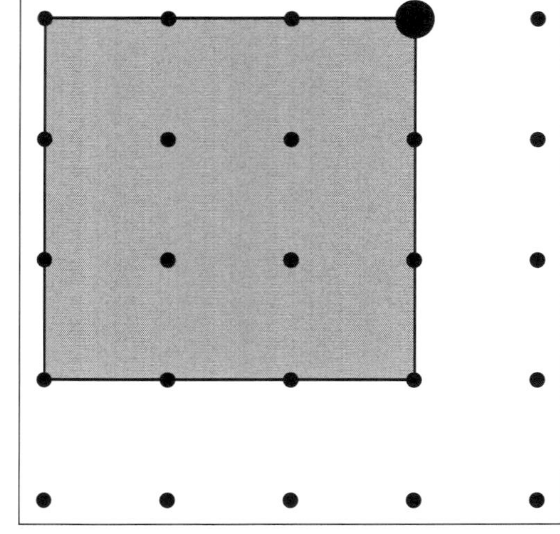

Lösung:

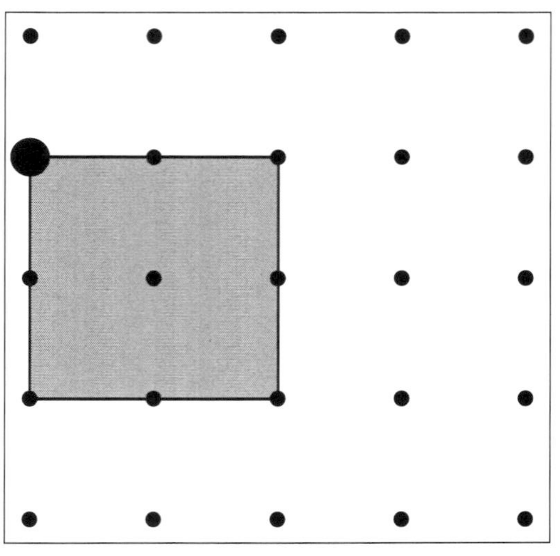

Lösung:

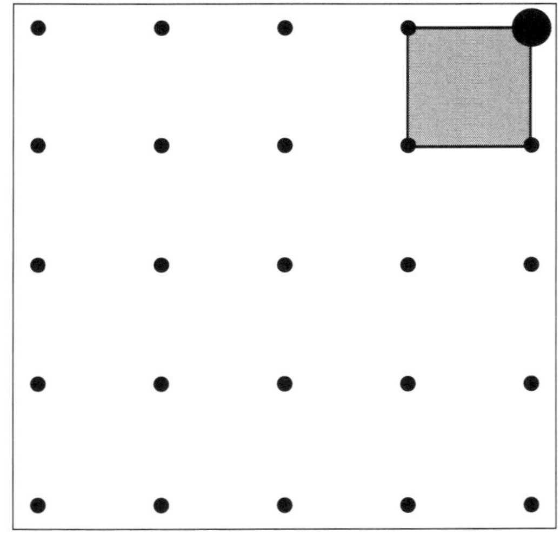

Lösung:

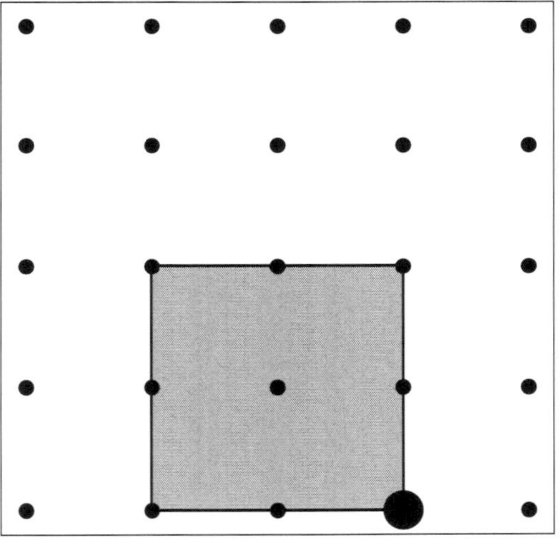

Rechteck 1

Länge 2
Breite 3

Rechteck 2

Länge 3
Breite 2

Rechteck 3

Länge 4
Breite 1

Rechteck 4

Länge 3
Breite 4

Lösung:

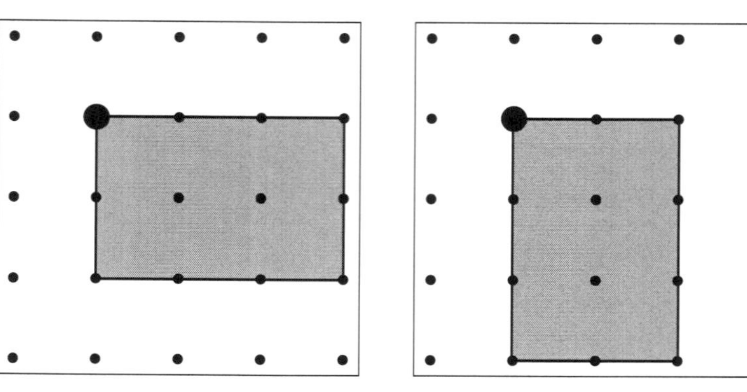

Lösung:

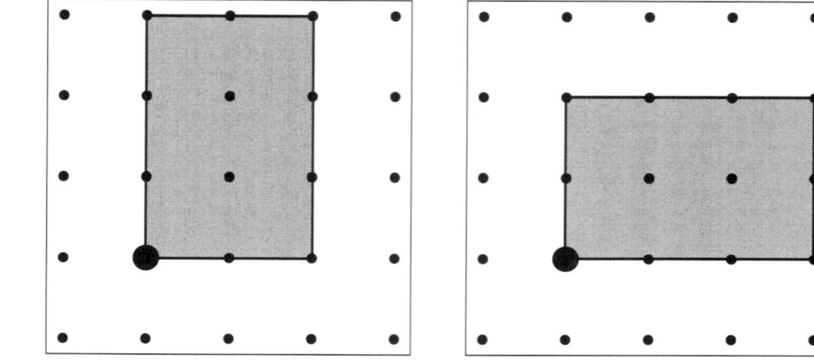

Lösung:

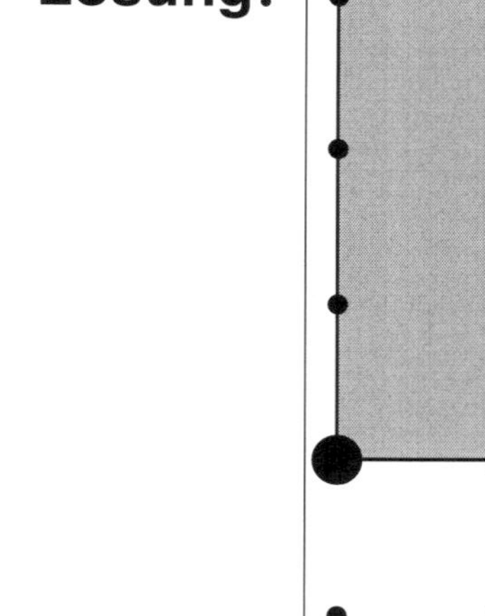

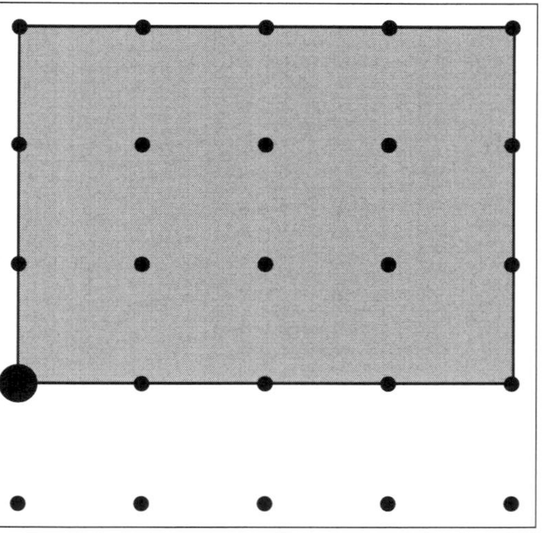

Lösung:

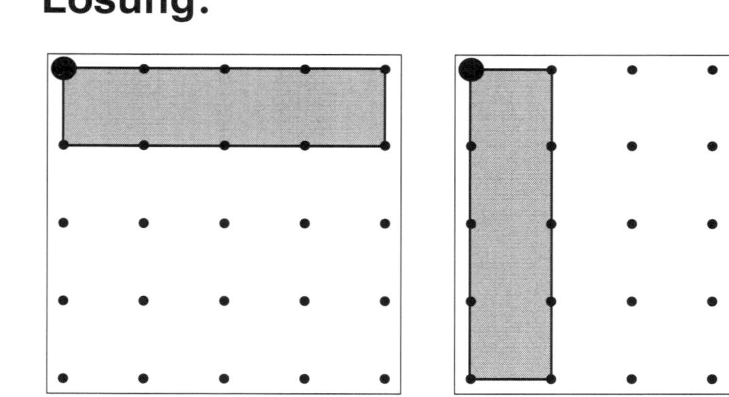

Rechteck 5

Länge 3
Breite 1

Rechteck 6

Länge 3
Breite 2

Rechteck 7

Länge 4
Breite 2

Rechteck 8

Länge 4
Breite 1

Lösung:

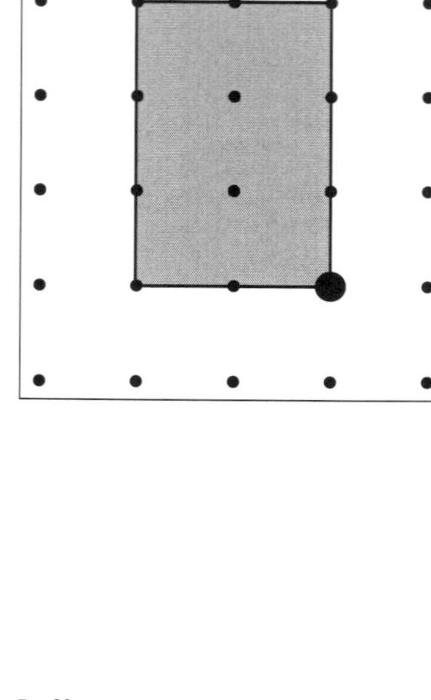

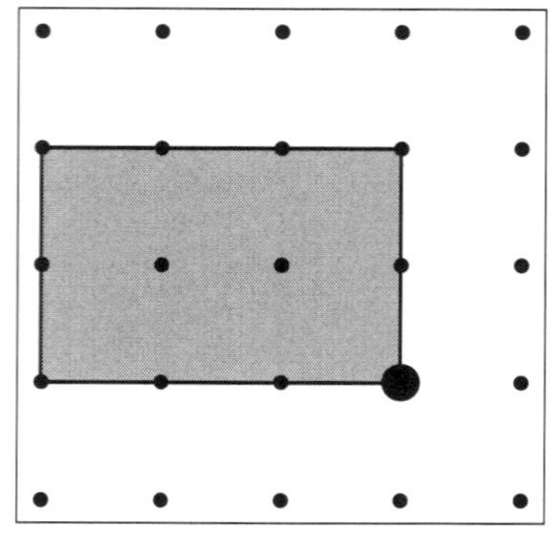

Lösung:

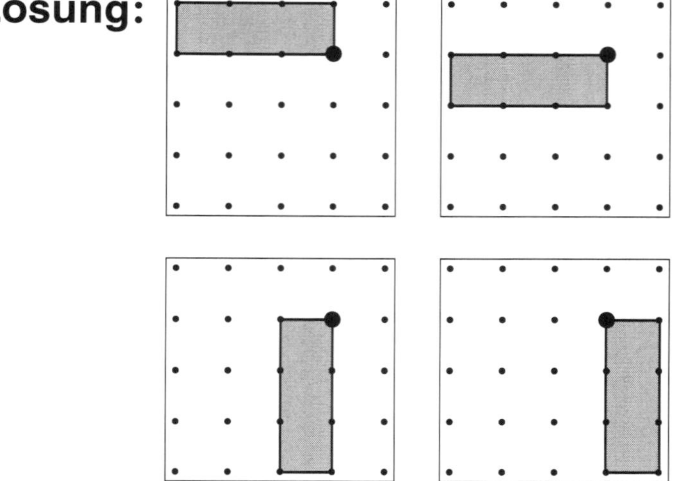

Lösung:

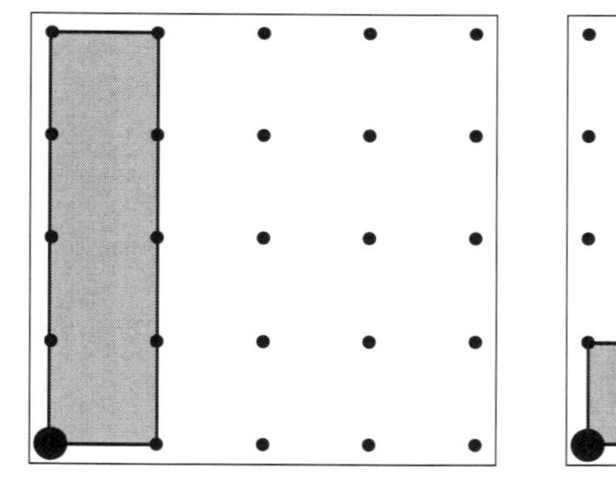

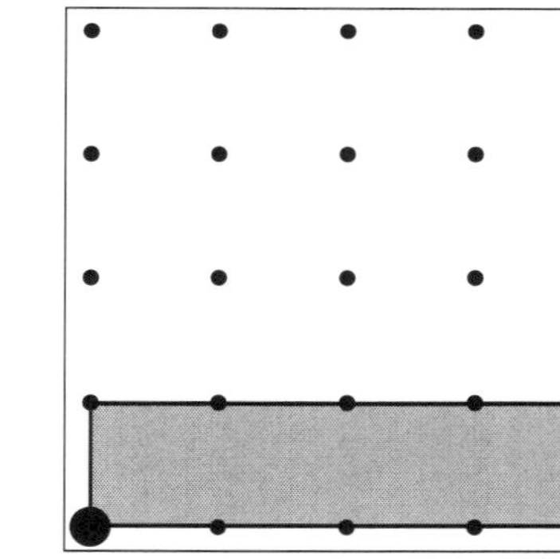

Lösung:

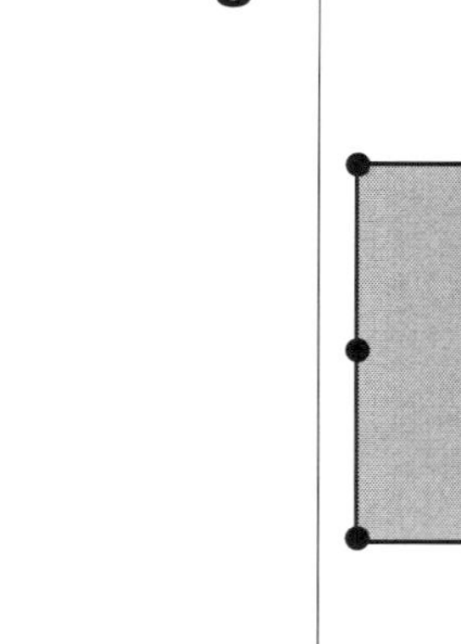

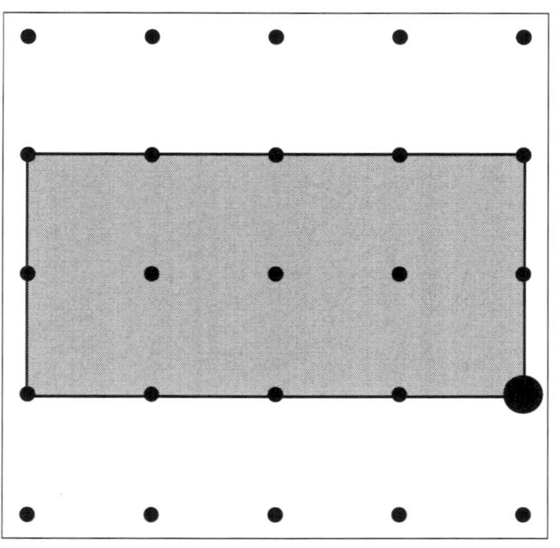

Rechteck 9

Länge 3
Breite 2

Rechteck 10

Länge 4
Breite 1

Rechteck 11

Länge 3
Breite 3

Rechteck 12

Länge 2
Breite 3

Lösung:

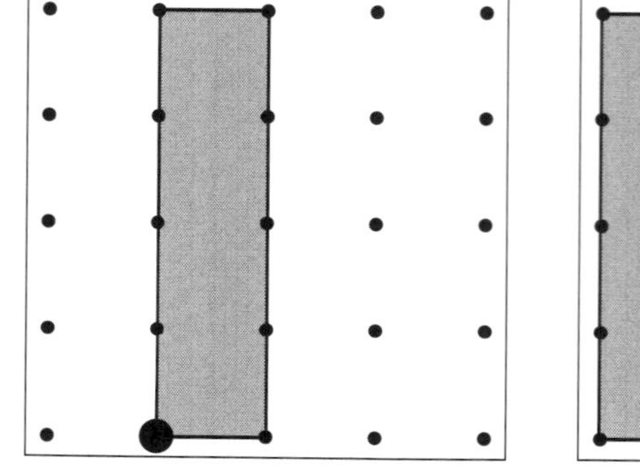

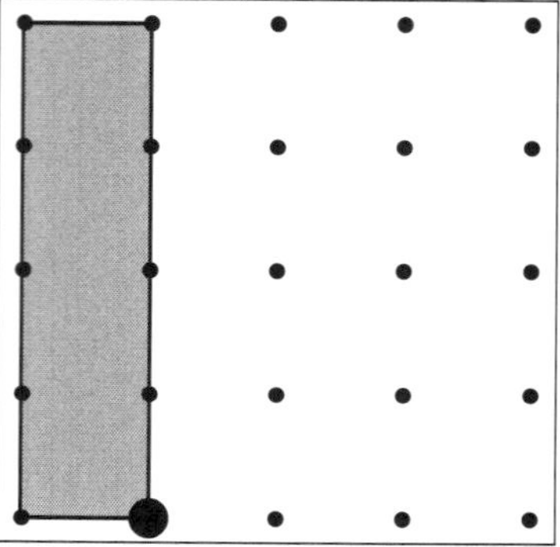

Lösung:

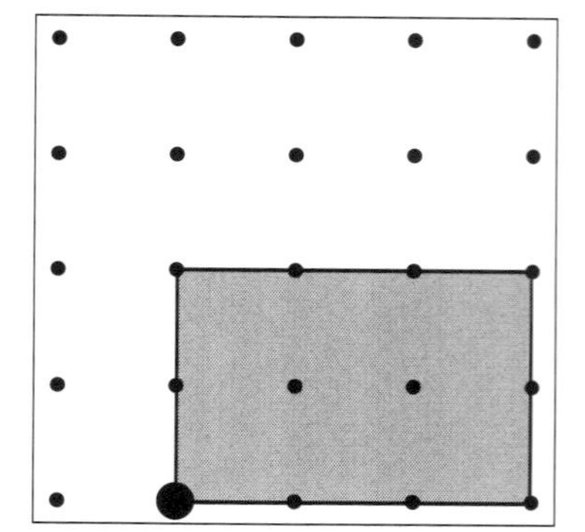

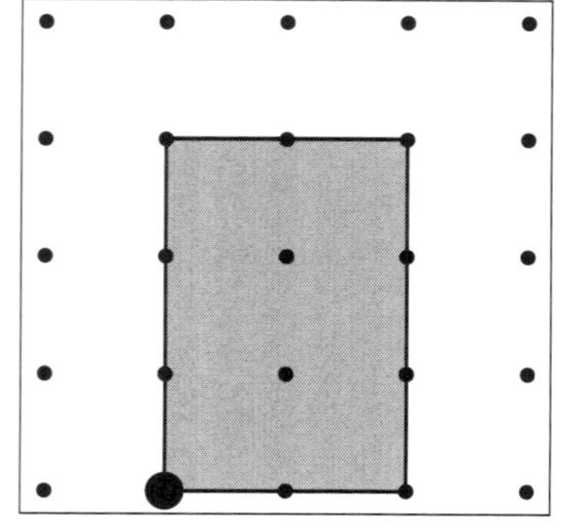

Lösung:

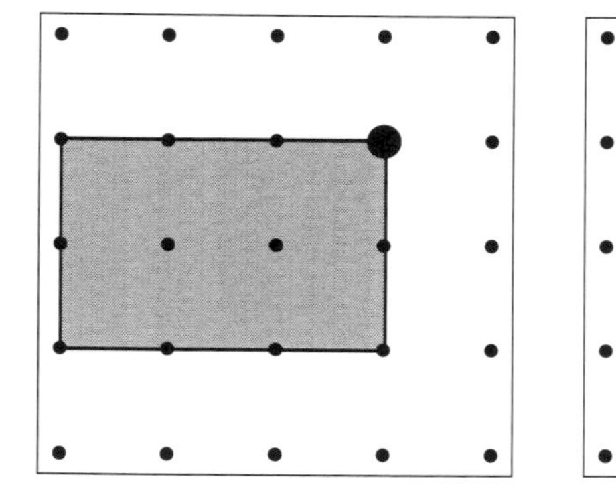

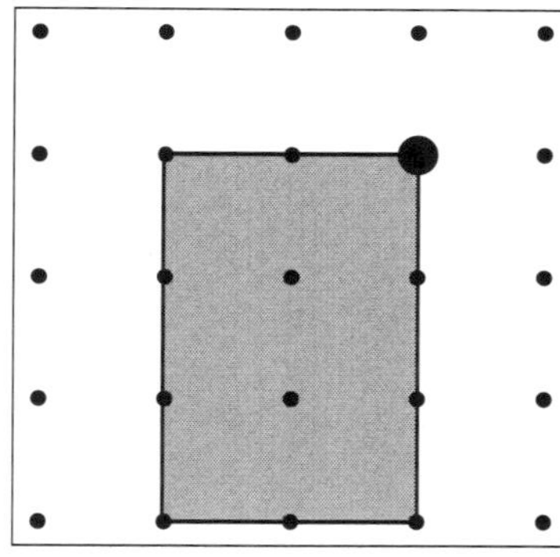

Lösung:

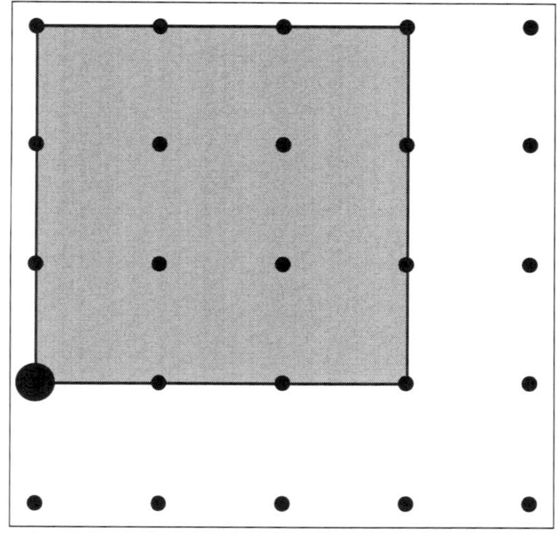

Rechteck **13**

Länge 4
Breite 2

Rechteck **14**

Länge 2
Breite 3

Rechteck **15**

Länge 4
Breite 2

Rechteck **16**

Länge 1
Breite 3

Lösung:

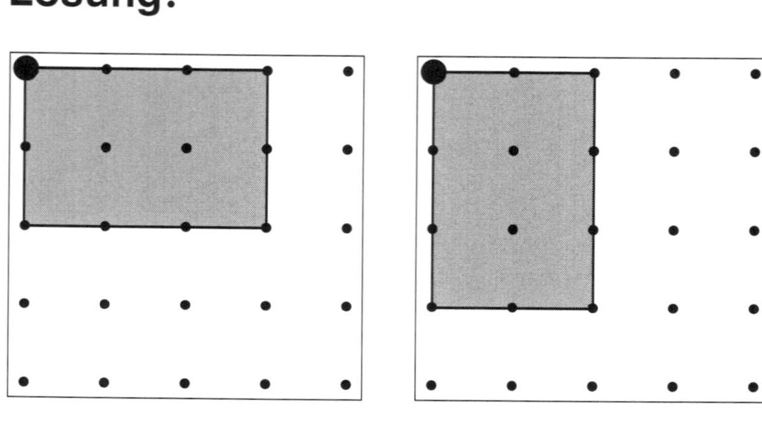

Lösung:

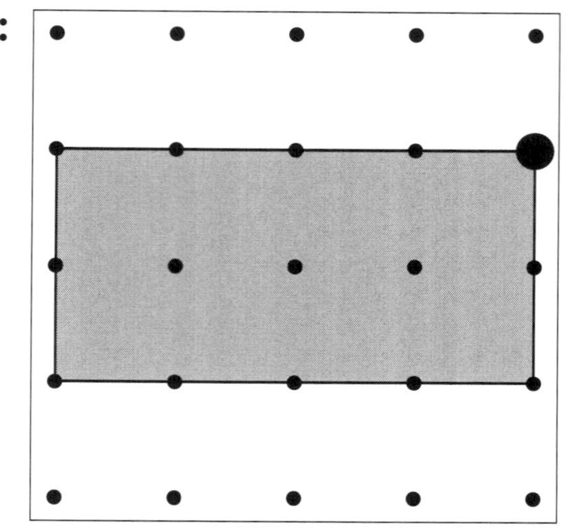

Lösung:

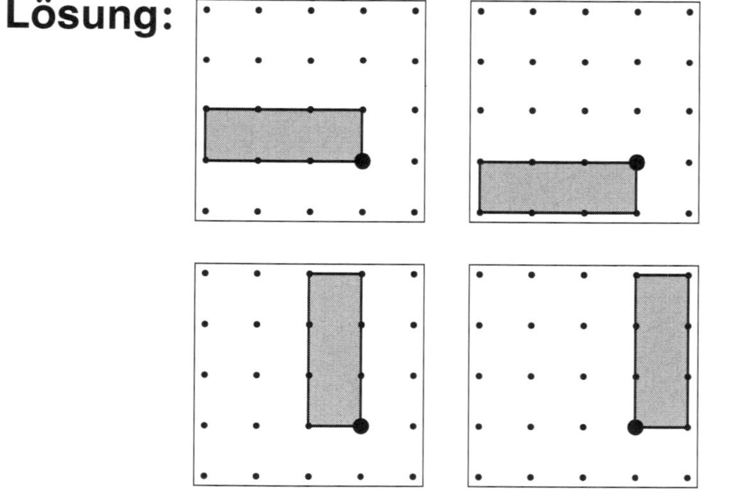

Lösung:

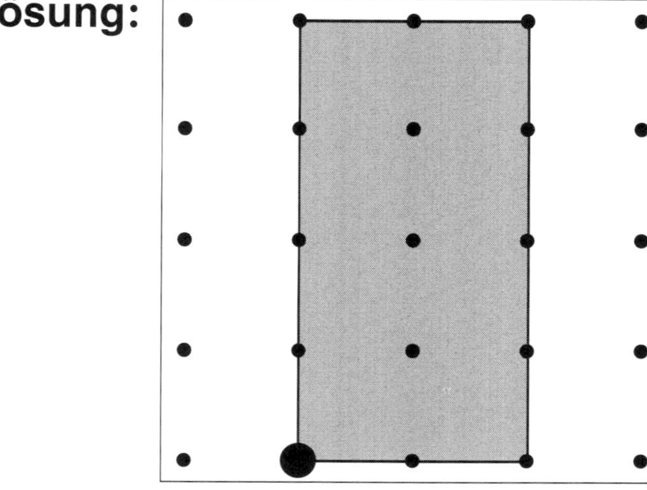

Viereck 1

L
O
RR
LU

Viereck 2

LLL
UR
R
OL

Viereck 3

UR
U
LL
O
OR

Viereck 4

OR
OL
UL
UR

Lösung:

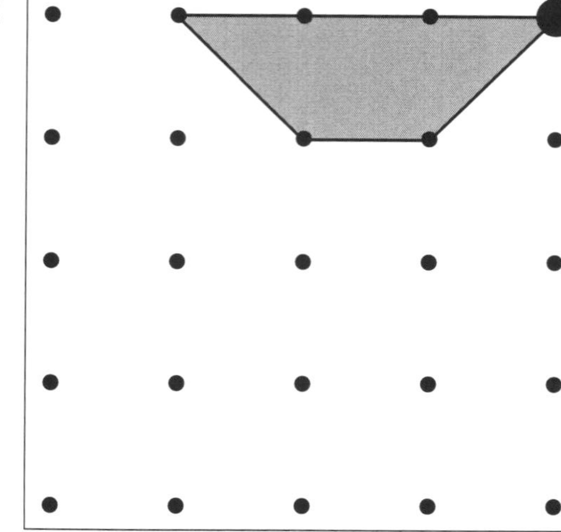

Lösung:

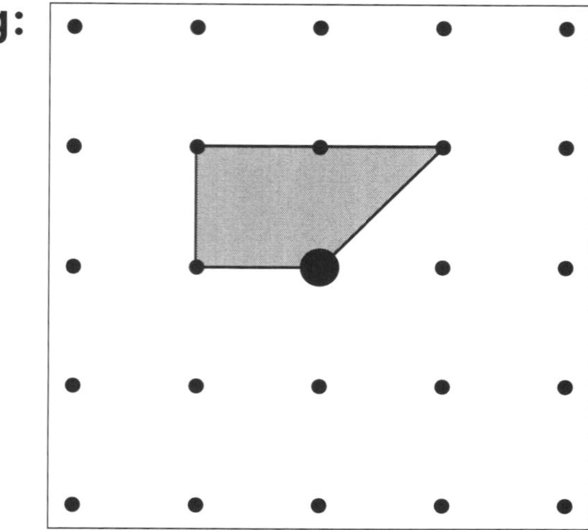

Lösung:

Lösung:

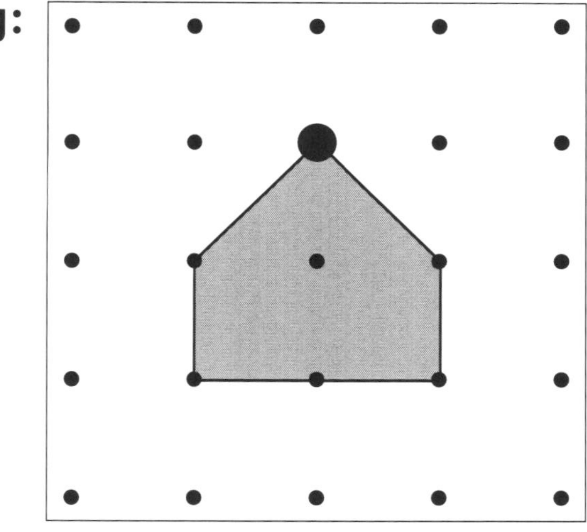

Viereck **5**

UL
LO
RO
RU

Viereck **6**

RU
R
OO
LLU

Viereck **7**

RRR
O
LL
LU

Viereck **8**

RR
O
L
LU

Lösung:

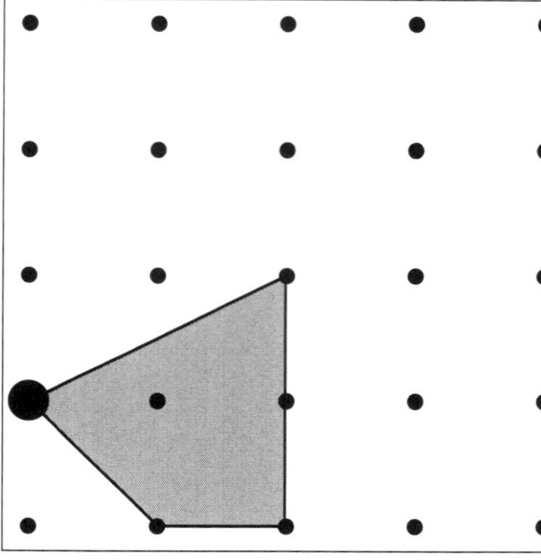

Lösung:

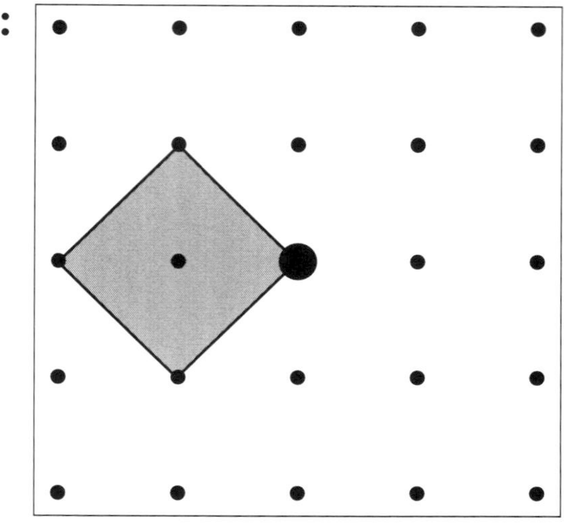

Lösung:

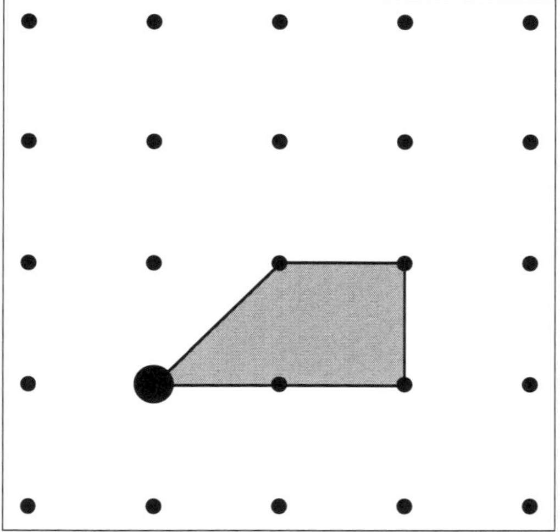

Lösung:

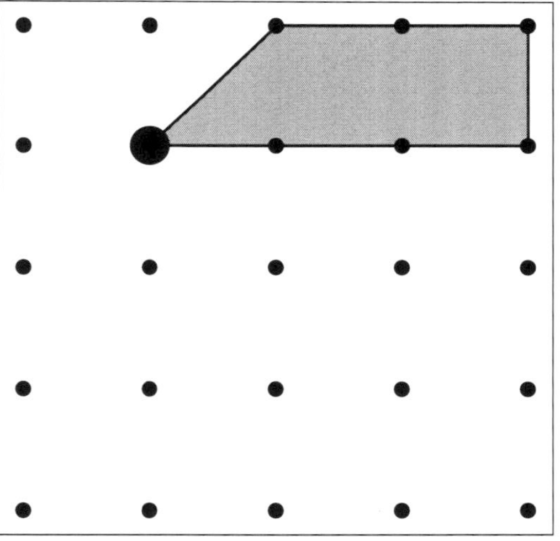

Viereck 9

ROO
LO
L
RUUU

Viereck 10

RRR
UU
LL
LOO

Viereck 11

RR
RU
LLU
LOO

Viereck 12

RU
UU
LL
ROOO

Lösung:

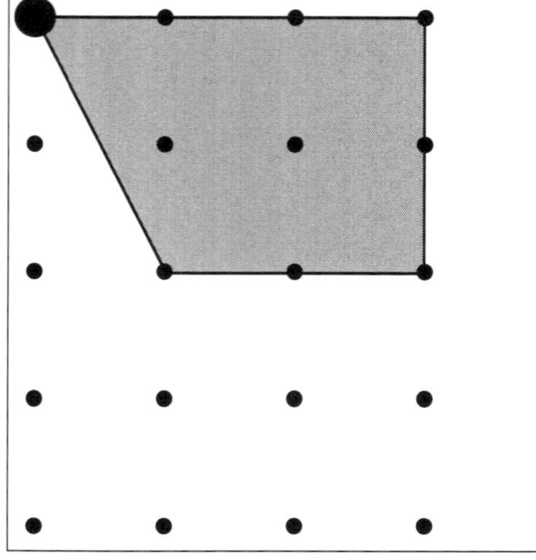

Lösung:

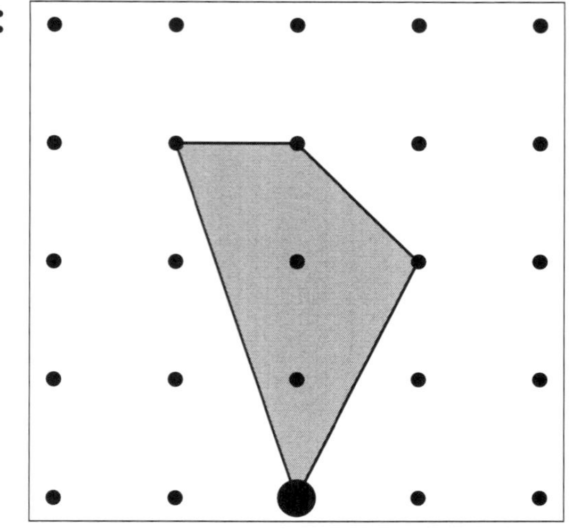

Lösung:

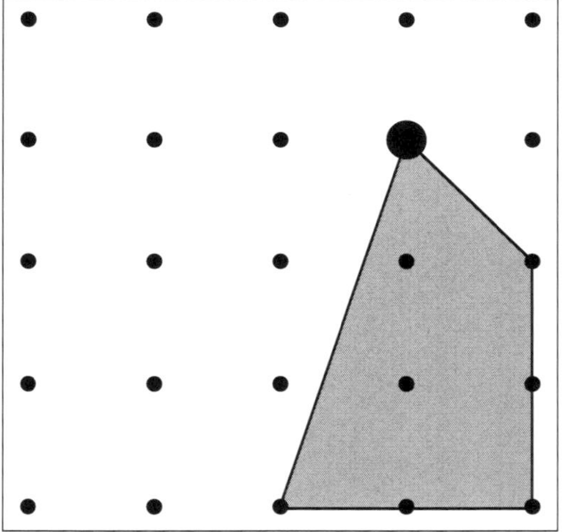

Lösung:

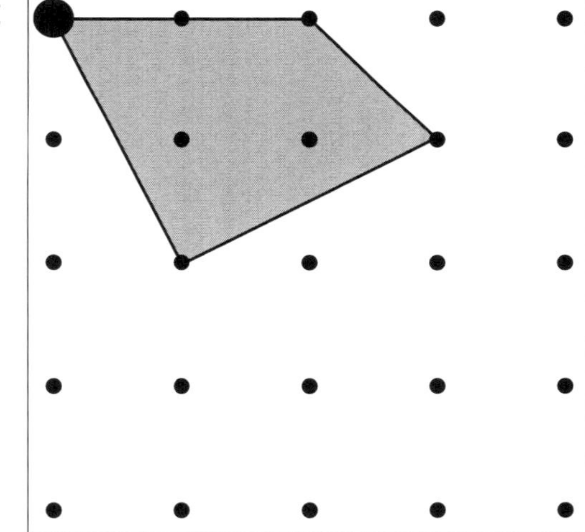

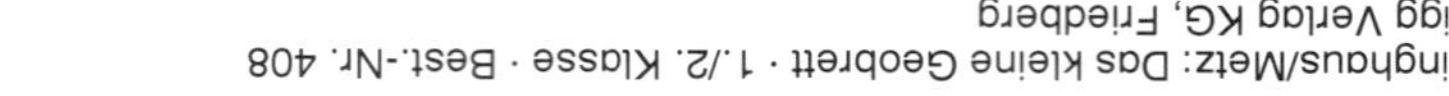

Viereck 13

RRRR
LUUUU
LLLOO
OO

Viereck 14

LLU
OO
RO
RUU

Viereck 15

O
LLOO
LU
RRRUU

Viereck 16

RU
LU
LLLO
RRRO

Lösung:

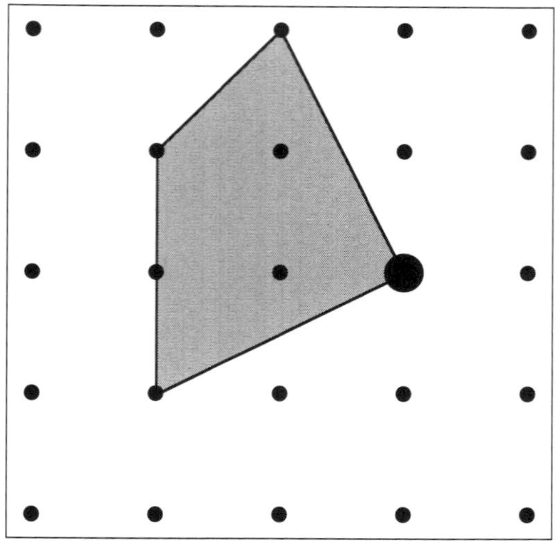

Lösung:

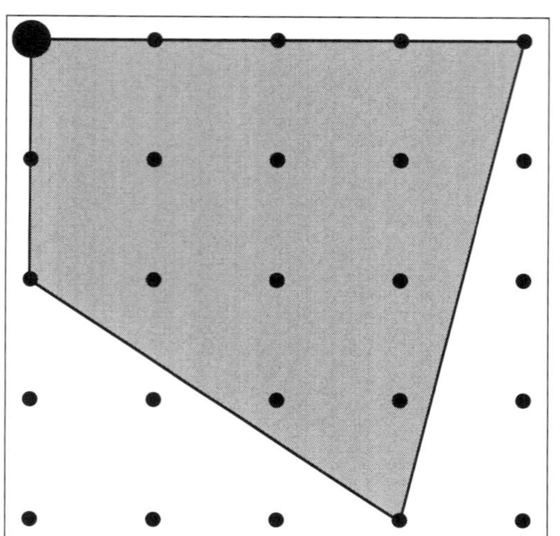

Lösung:

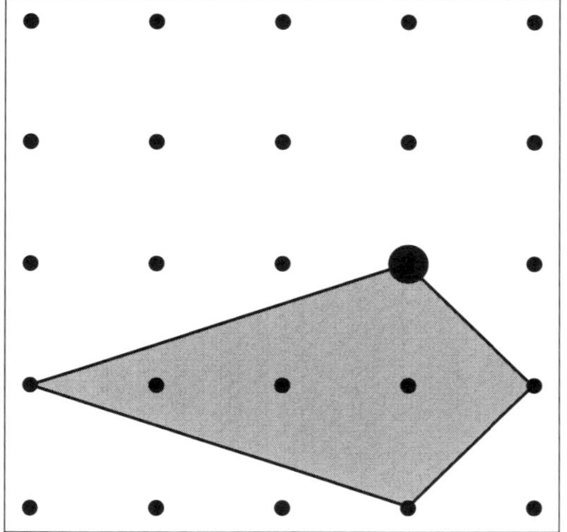

Lösung:

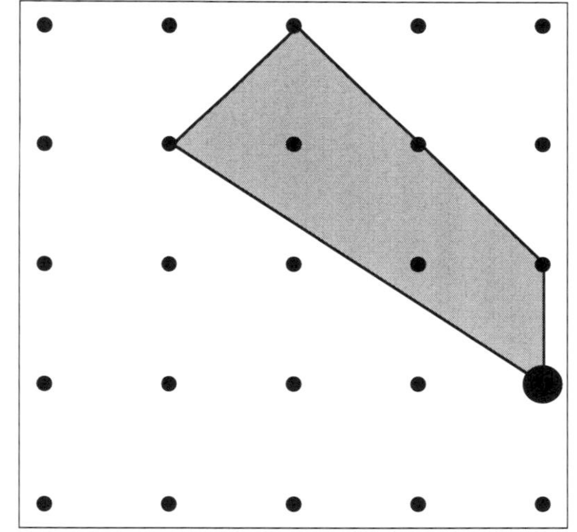

Raute 1

RO
LO
LU
RU

Raute 2

ROO
LOO
LUU
RUU

Raute 3

UR
UL
LO
RO

Raute 4

LLO
ULL
RRU
ORR

Lösung:

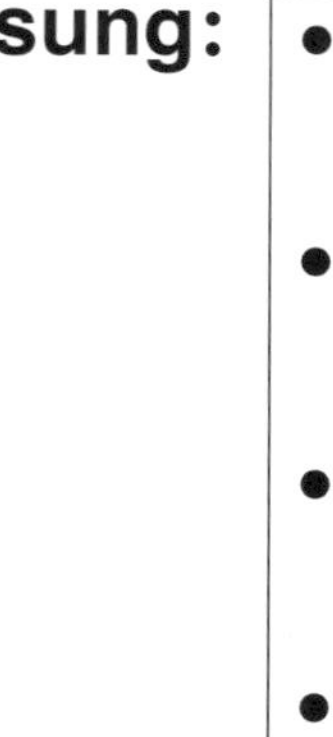

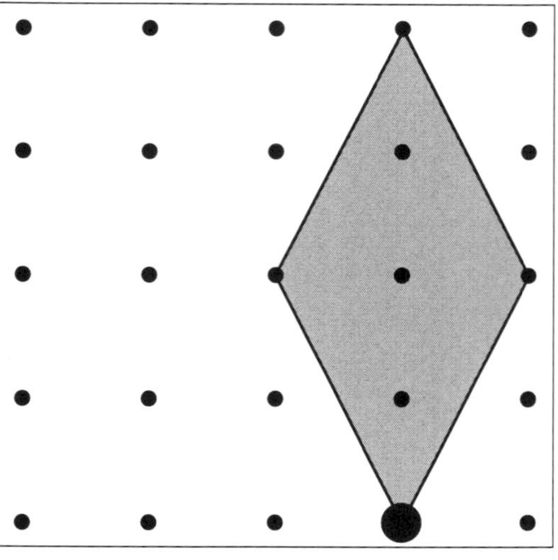

Lösung:

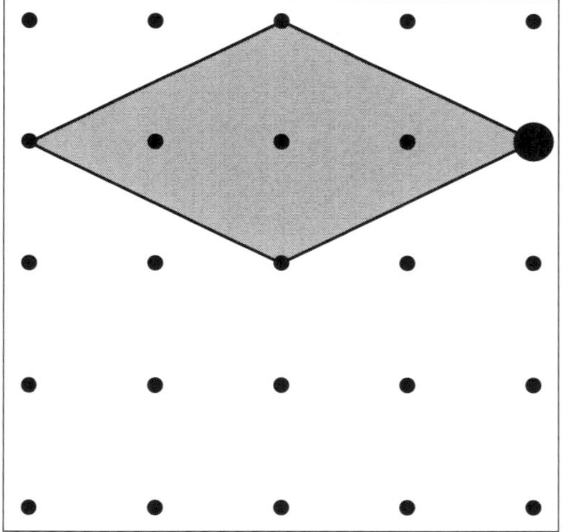

Lösung:

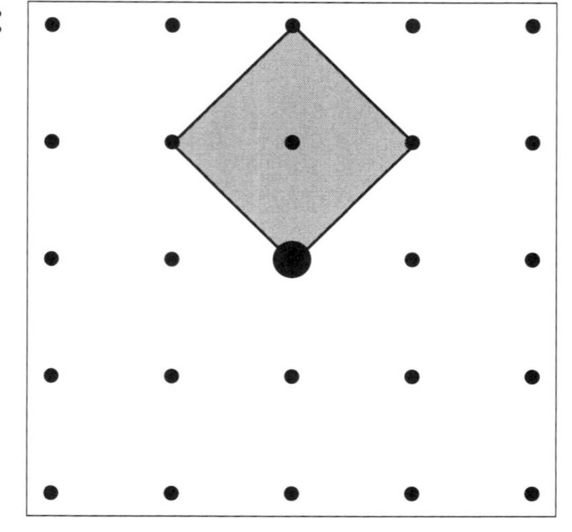

Lösung:

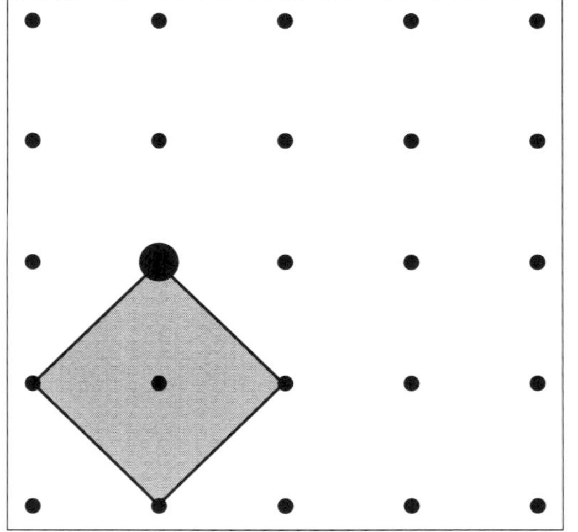

Raute 5

ORR
RRU
LLU
LLO

Raute 6

RUU
LUU
OOL
OOR

Raute 7

RRU
RUU
LLO
OOL

Raute 8

LUU
RUU
OOR
OOL

Lösung:

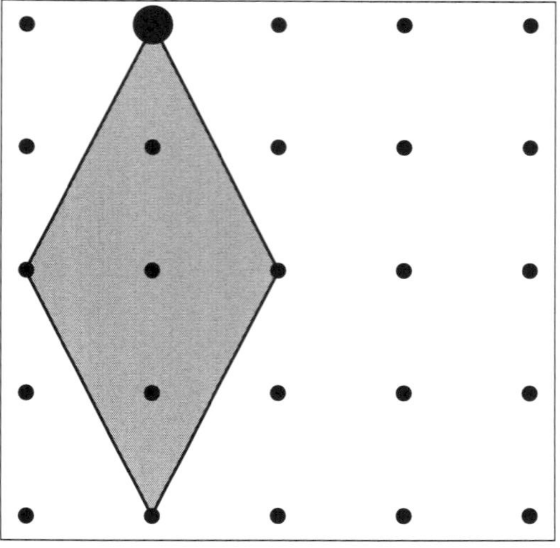

Lösung:

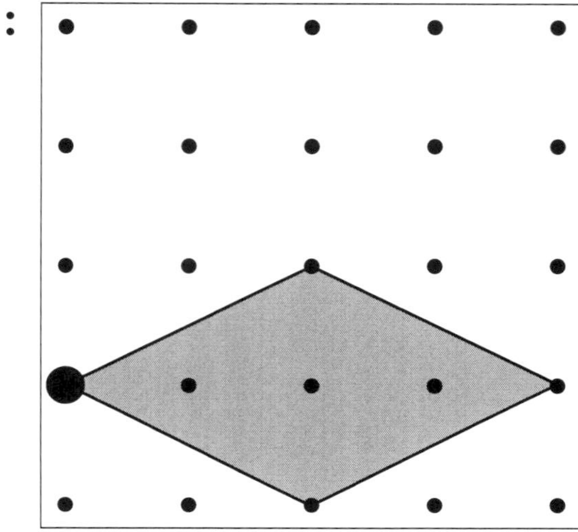

Lösung:

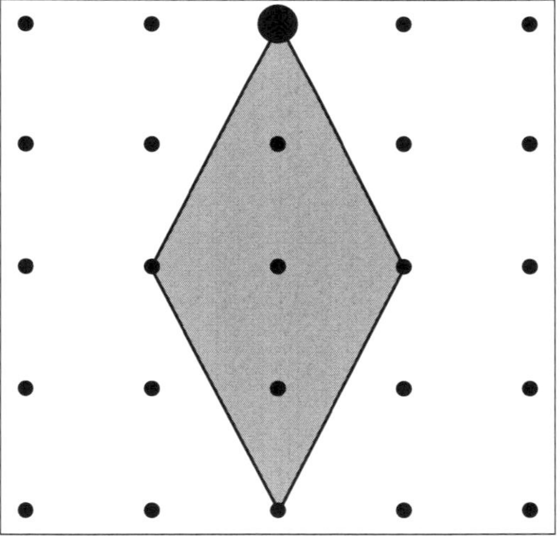

Lösung:

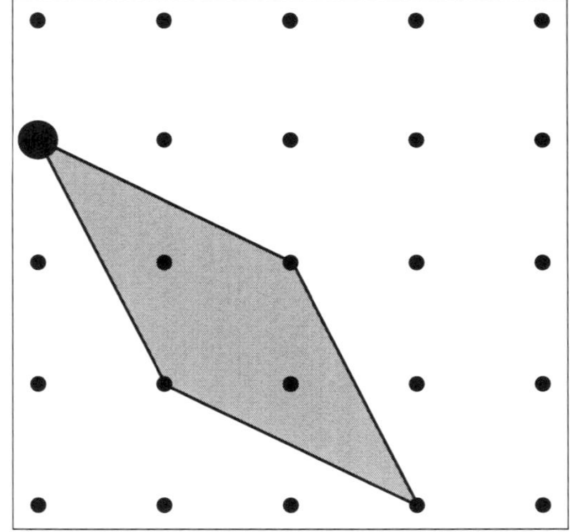

Raute 9

UUU
LLL
OOO
RRR

Raute 10

LOO
LLO
RUU
URR

Raute 11

ORR
RRU
ULL
OLL

Raute 12

RR
UU
LL
OO

Lösung:

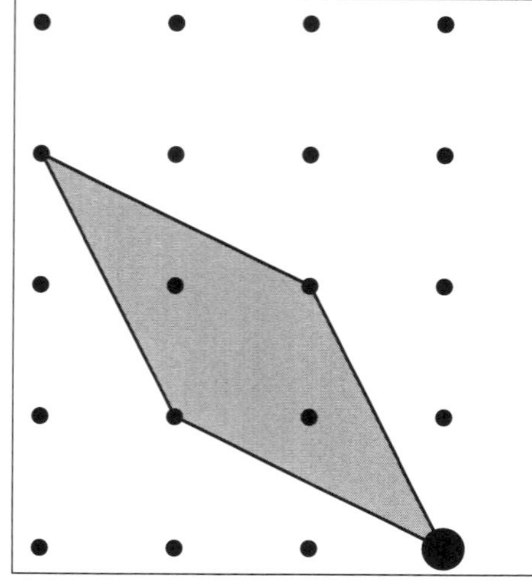

Lösung:

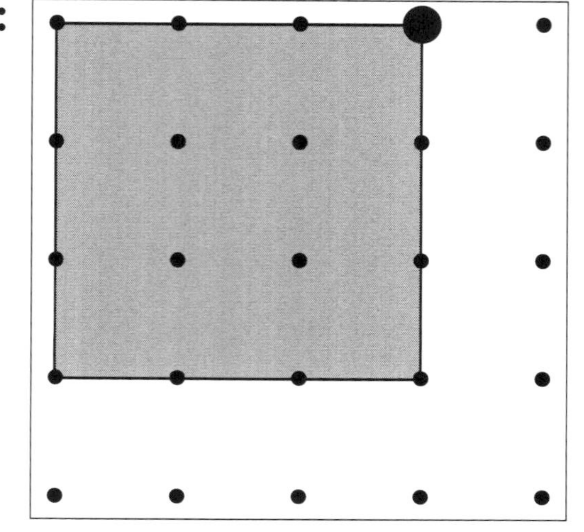

Lösung:

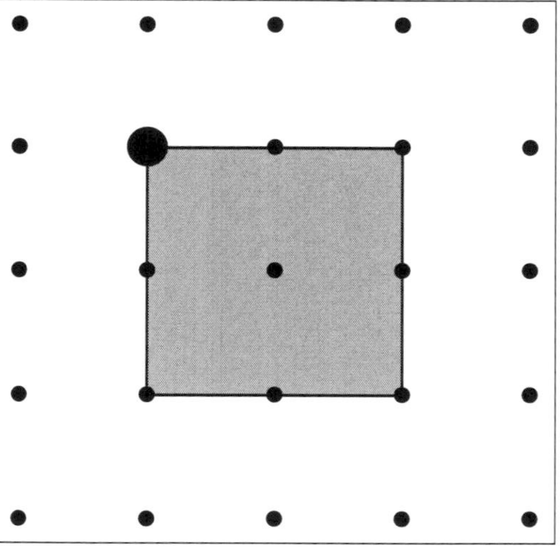

Lösung:

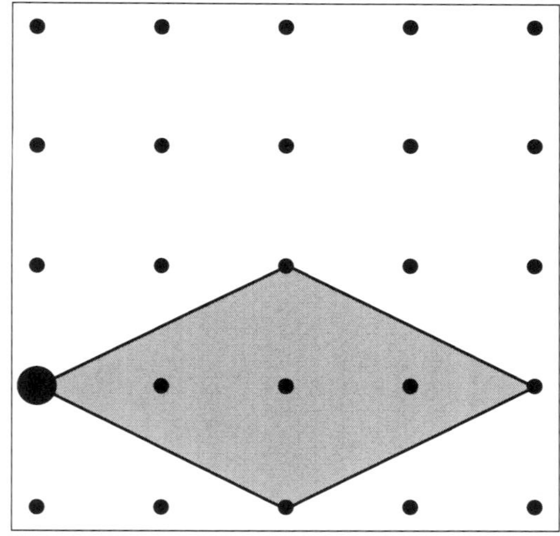

Drachen 1

RRO
RU
LU
LLO

Drachen 2

LO
LLLU
RRRU
RO

Drachen 3

R
RUU
LLO
O

Drachen 4

LOOO
RO
RU
LUUU

Lösung:

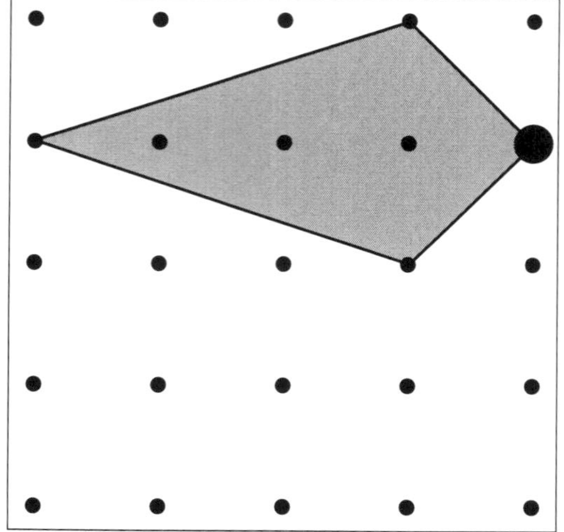

Lösung:

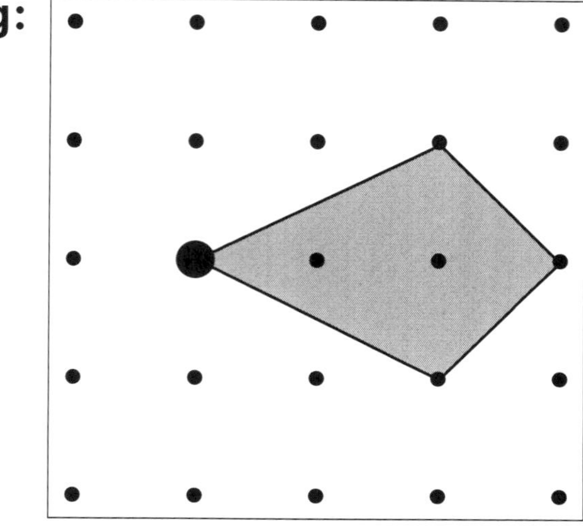

Lösung:

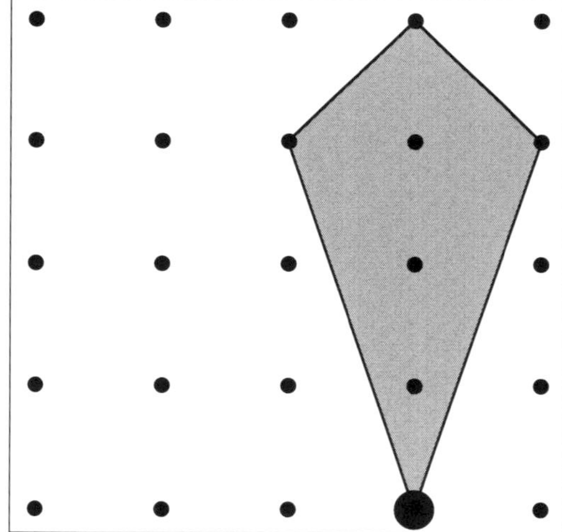

Lösung:

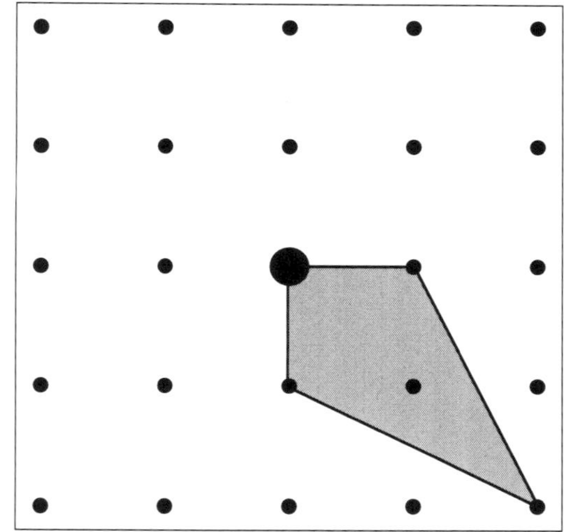

Drachen 5

LLLO
LU
RU
RRRO

Drachen 6

R
RRUUU
LLLOO
O

Drachen 7

RR
ROOO
LLLU
UU

Drachen 8

LL
LOOO
RRRU
UU

Lösung:

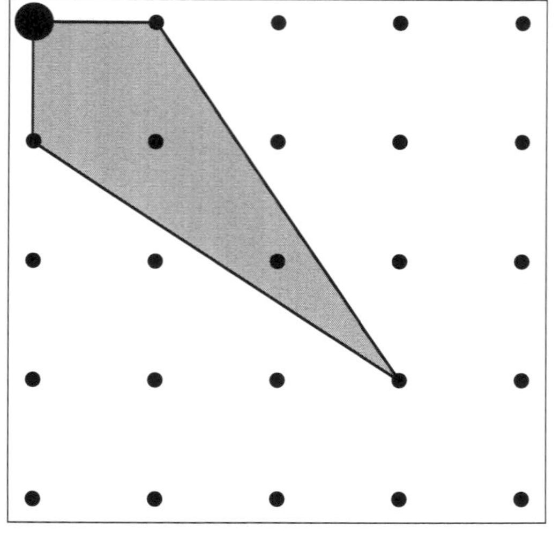

Lösung:

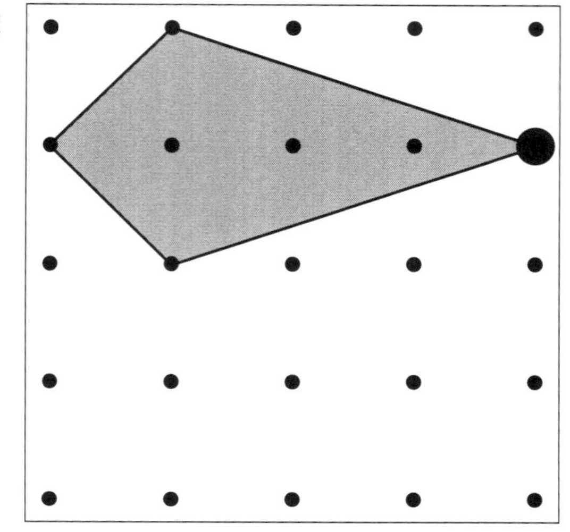

Lösung:

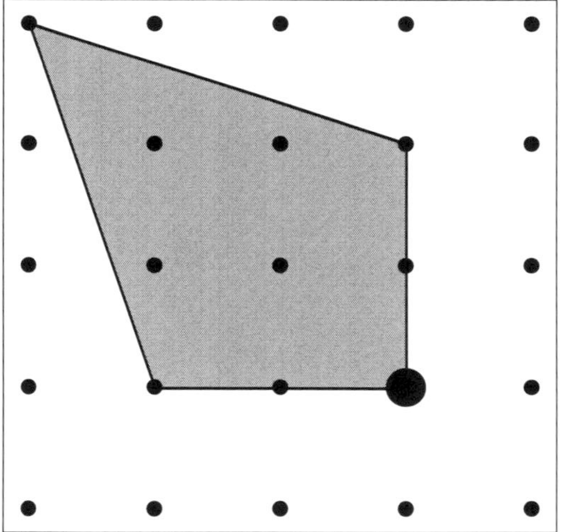

Lösung:

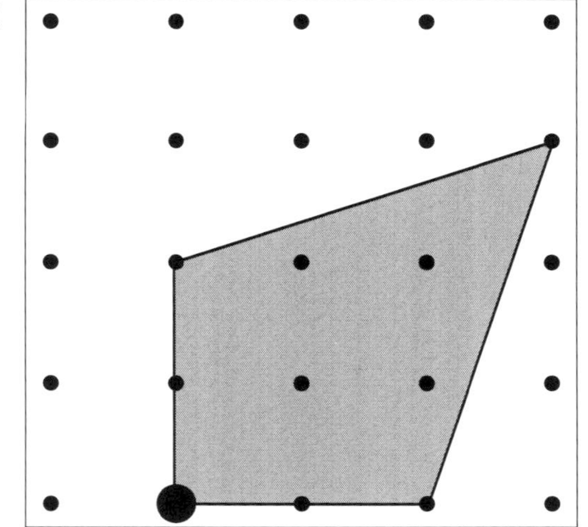

Drachen 9

R
RROOO
LLLUU
U

Drachen 10

UU
URRR
OOOL
LL

Drachen 11

O
OLL
RUU
R

Drachen 12

ORRR
RU
LU
OLLL

Lösung:

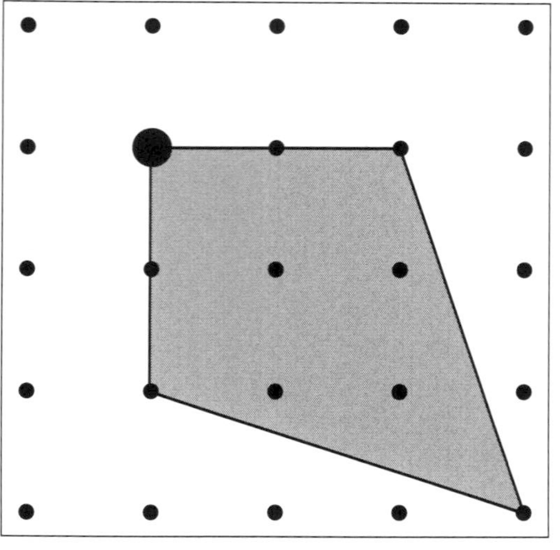

Lösung:

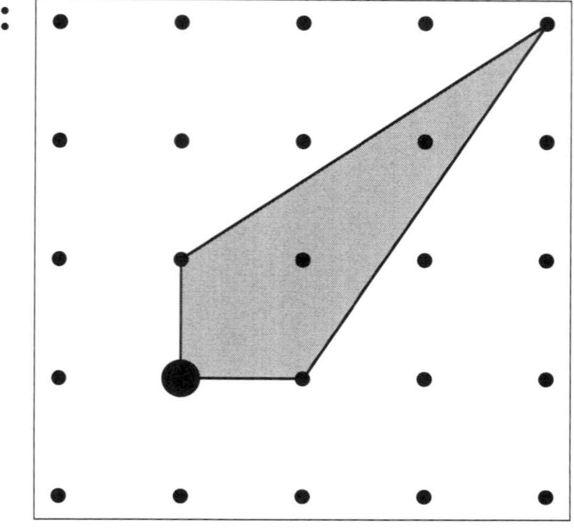

Lösung:

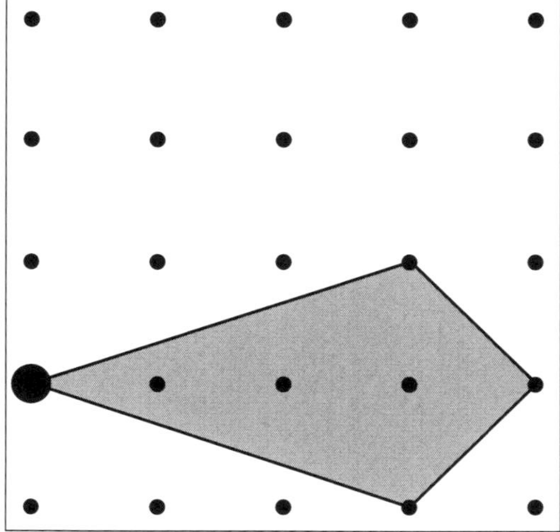

Lösung:

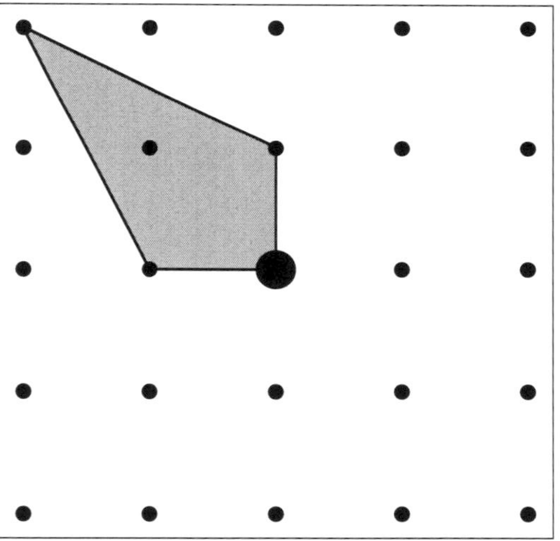

Drachen 13

RR
OO
LL
UU

Drachen 14

L
LLLUUUU
OOORRRR
O

Drachen 15

RUU
LU
LO
ROO

Drachen 16

LUU
LOO
ROO
RUU

Lösung:

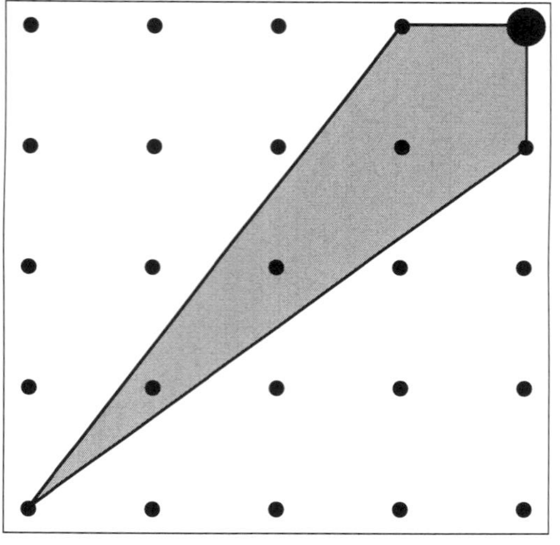

Lösung:

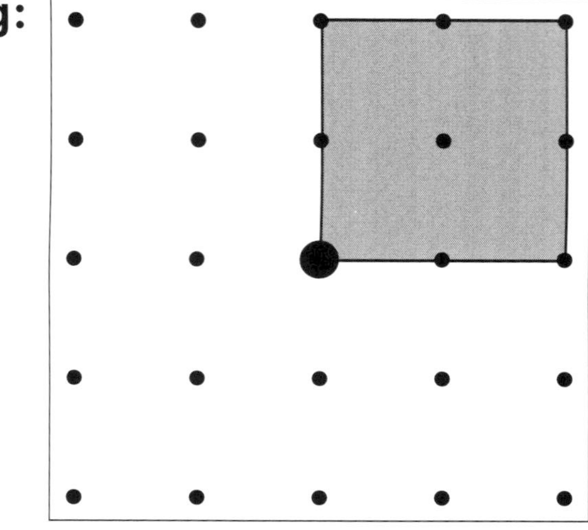

Lösung:

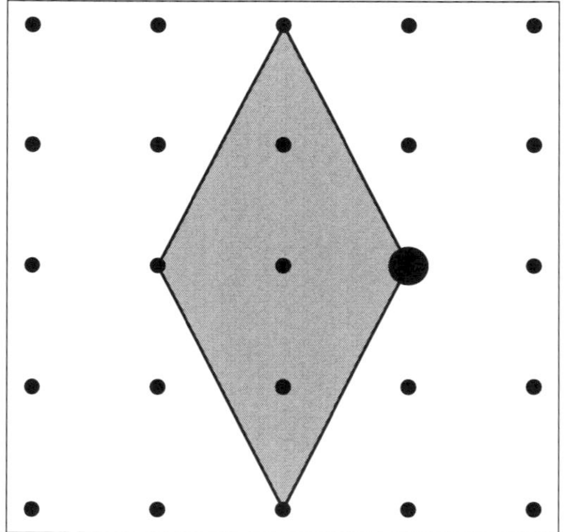

Lösung:

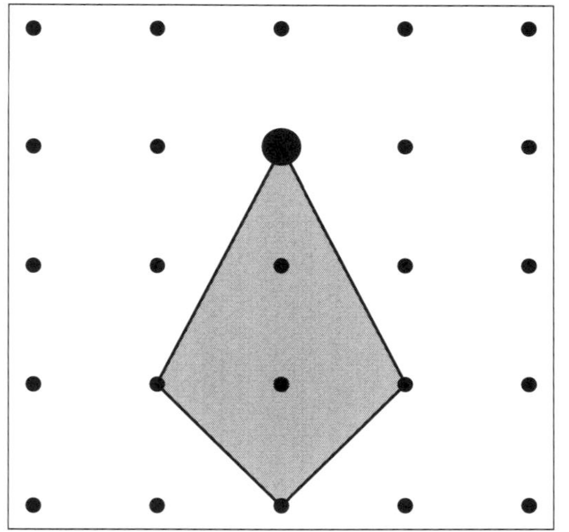

Welche Fläche ist das? 1

RRR
OOO
LLL
UUU

Welche Fläche ist das? 2

UU
RRR
OO
LLL

Welche Fläche ist das? 3

U
RR
OO
LL
U

Welche Fläche ist das? 4

UU
RU
ROO
LLO

Lösung:

Rechteck
- rechter Winkel
- gegenüberliegende Seiten gleich lang

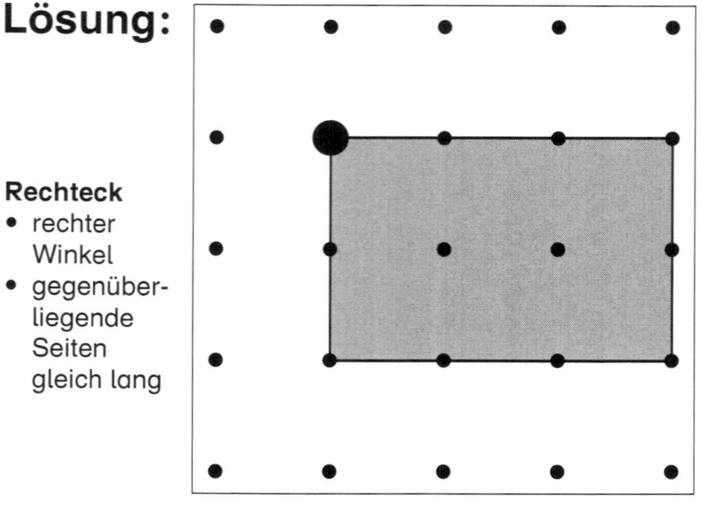

Lösung:

Quadrat
- rechter Winkel
- alle Seiten gleich lang

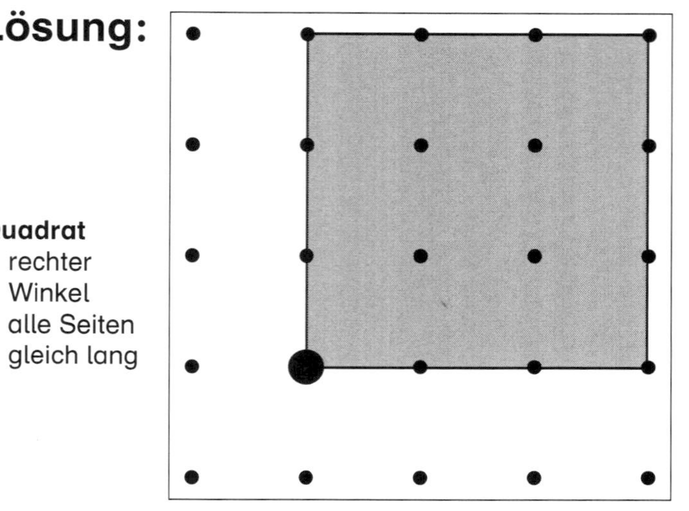

Lösung:

Viereck

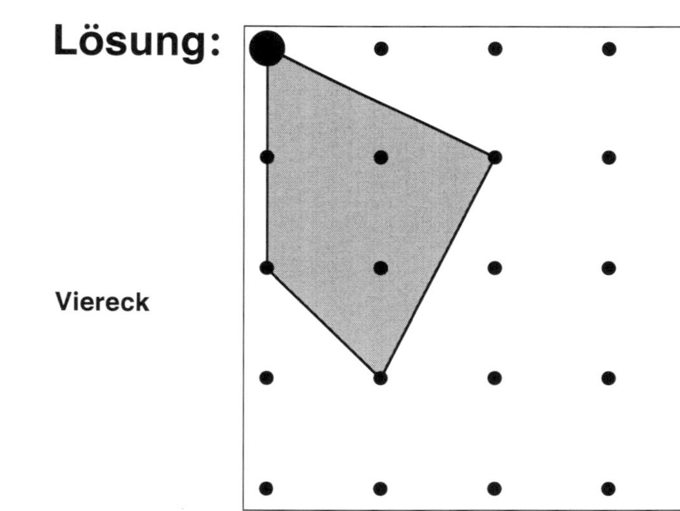

Lösung:

Quadrat
- rechter Winkel
- alle Seiten gleich lang

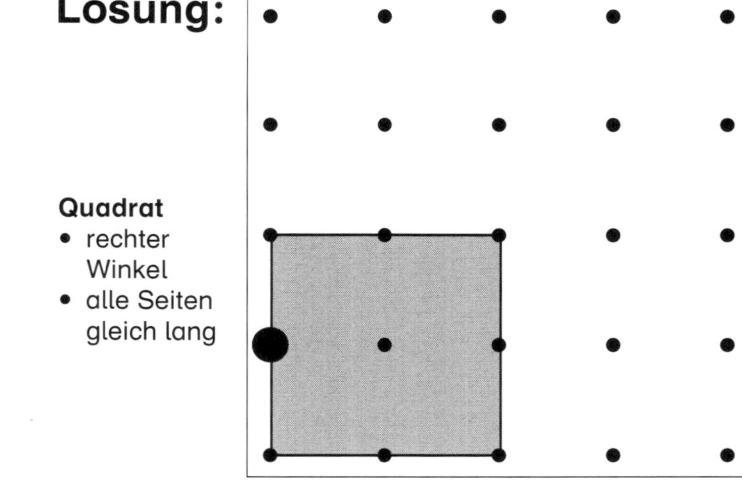

Welche Fläche ist das? 5

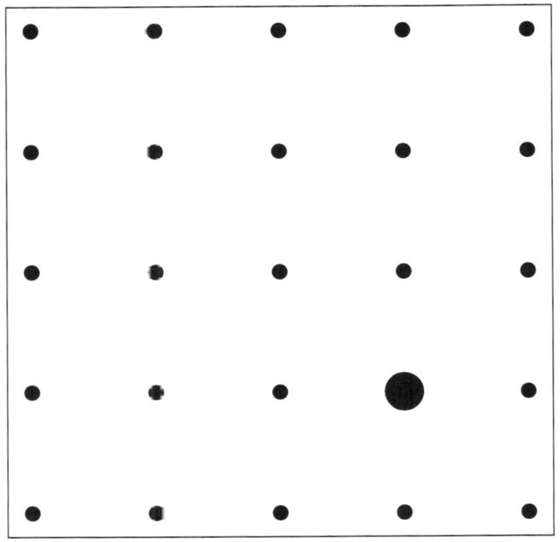

O
LLL
U
RRR

Welche Fläche ist das? 6

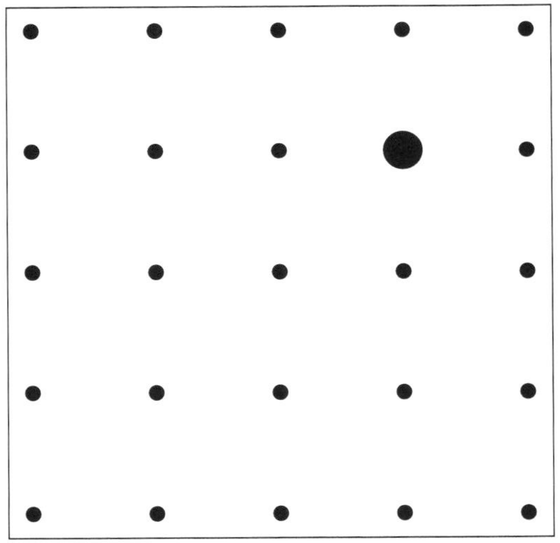

LLL
UUU
RRR
OOO

Welche Fläche ist das? 7

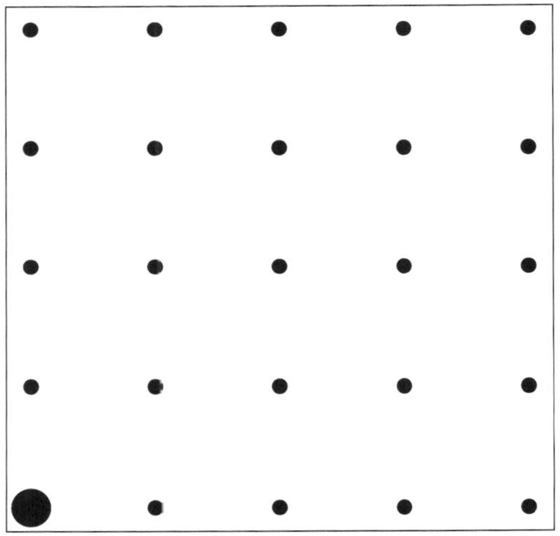

RRRR
OOO
LLLL
UUU

Welche Fläche ist das? 8

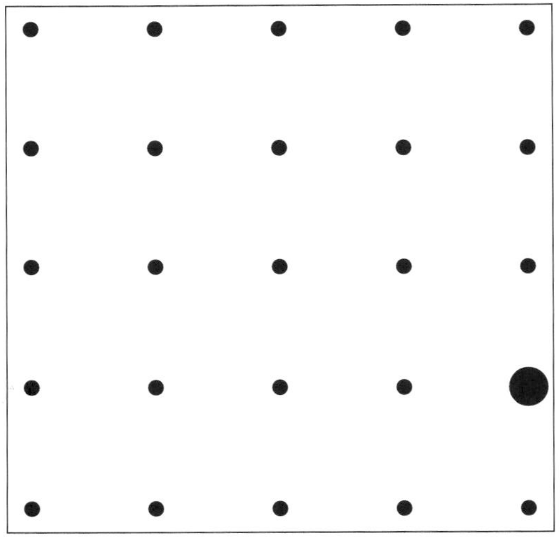

OO
LL
UUU
RRO

Lösung:

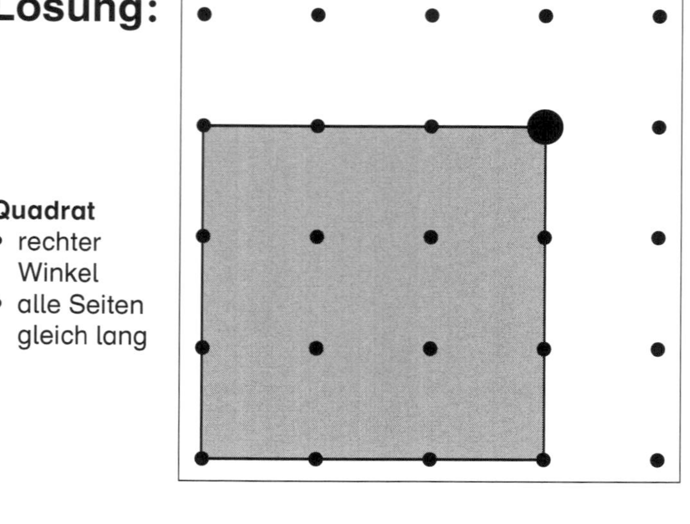

Quadrat
- rechter Winkel
- alle Seiten gleich lang

Lösung:

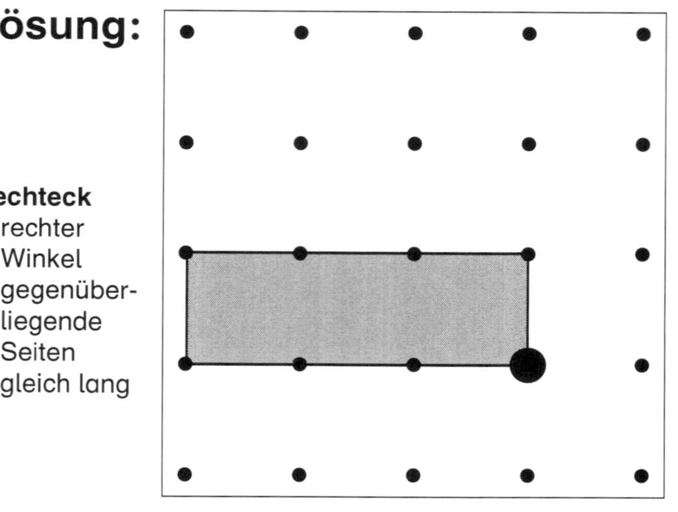

Rechteck
- rechter Winkel
- gegenüber-liegende Seiten gleich lang

Lösung:

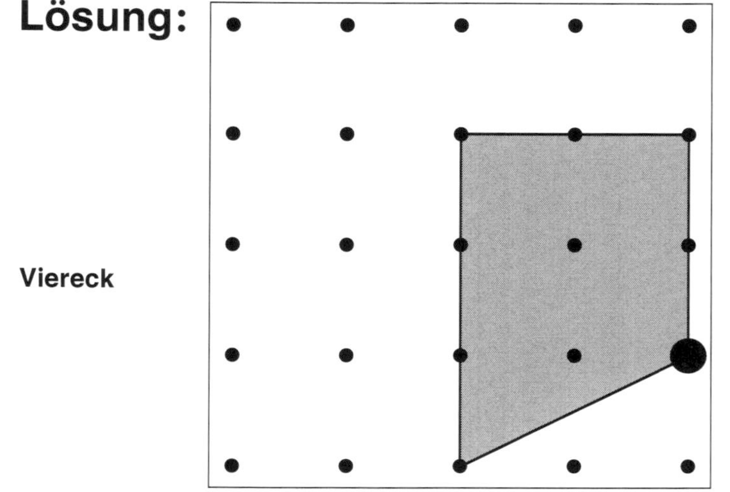

Viereck

Lösung:

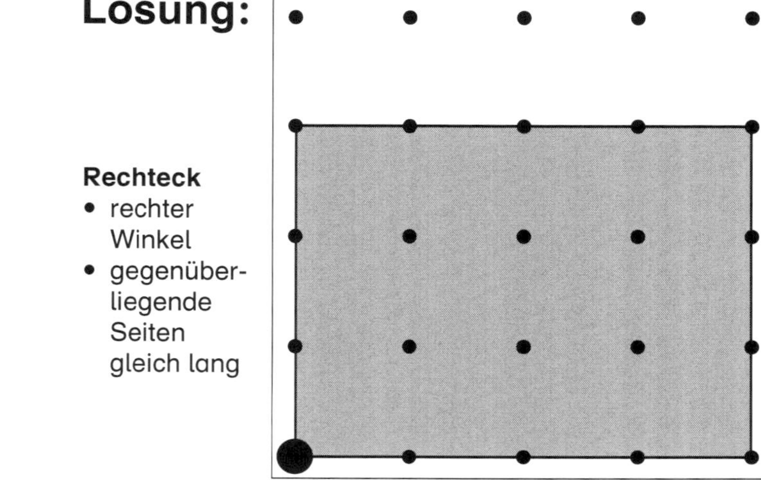

Rechteck
- rechter Winkel
- gegenüber-liegende Seiten gleich lang

Lüttringhaus/Metz: Das kleine Geobrett · 1./2. Klasse · Best.-Nr. 408

Welche Fläche ist das? 9

RU
R
OO
LLU

Welche Fläche ist das? 10

OO
RRR
UU
LLL

Welche Fläche ist das? 11

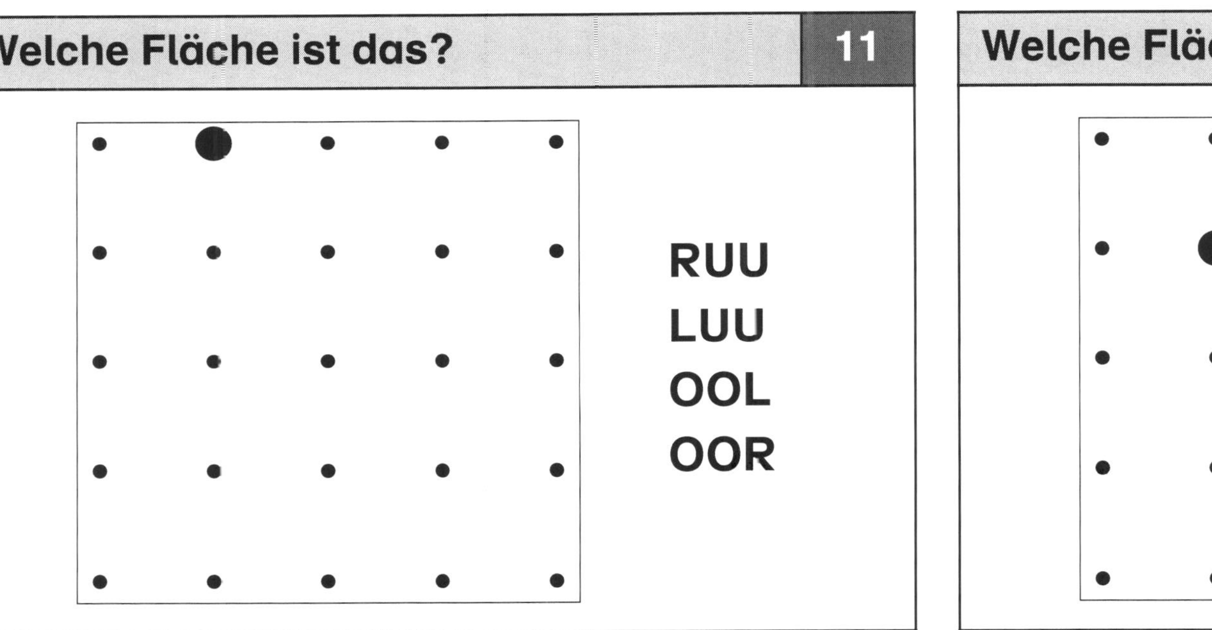

RUU
LUU
OOL
OOR

Welche Fläche ist das? 12

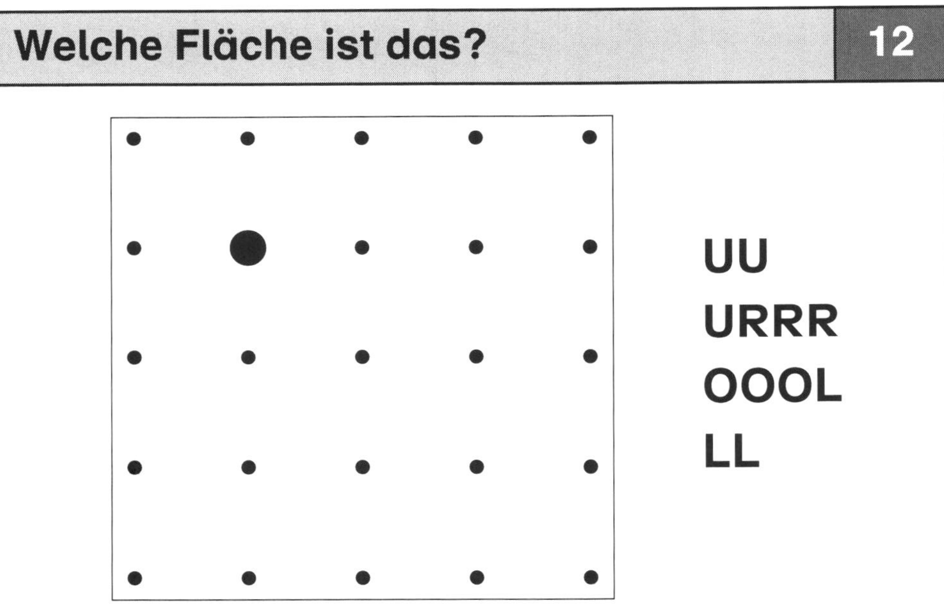

UU
URRR
OOOL
LL

Lösung:

Rechteck
- rechter Winkel
- gegenüberliegende Seiten gleich lang

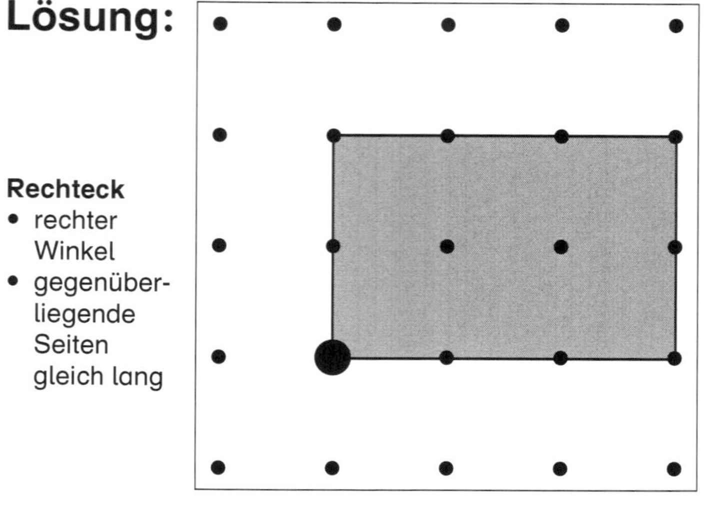

Lösung:

Viereck

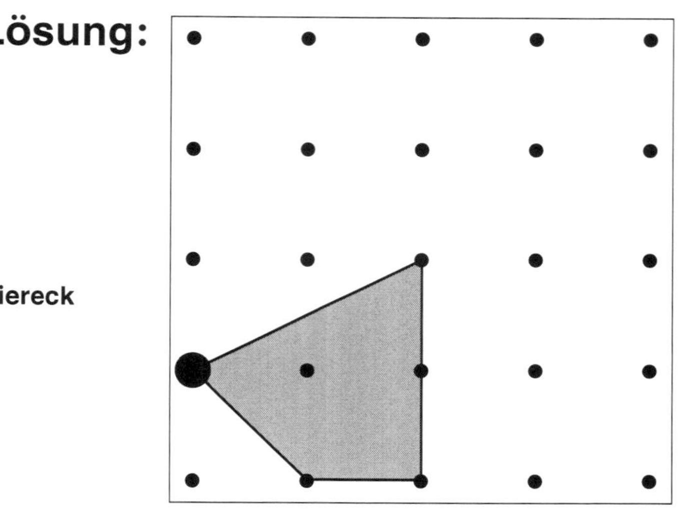

Lösung:

Drachen
- benachbarte Seiten gleich lang

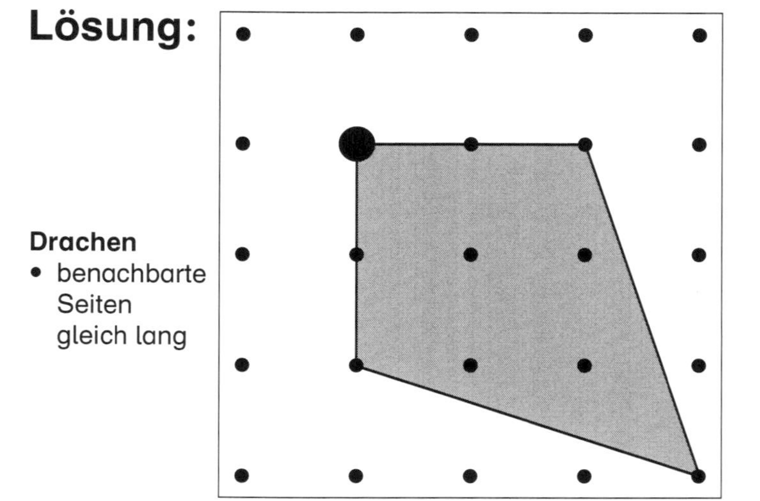

Lösung:

Raute
- vier gleich lange Seiten

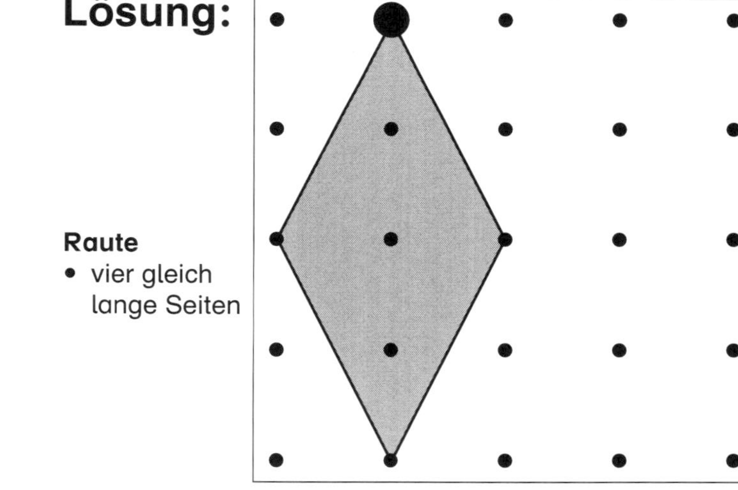

Welche Fläche ist das? 13

RU
UU
LL
ROOO

Welche Fläche ist das? 14

R
OOOO
L
UUUU

Welche Fläche ist das? 15

R
RUU
LLO
O

Welche Fläche ist das? 16

ORR
RRU
LLU
LLO

Lösung:

Rechteck
- rechter Winkel
- gegenüberliegende Seiten gleich lang

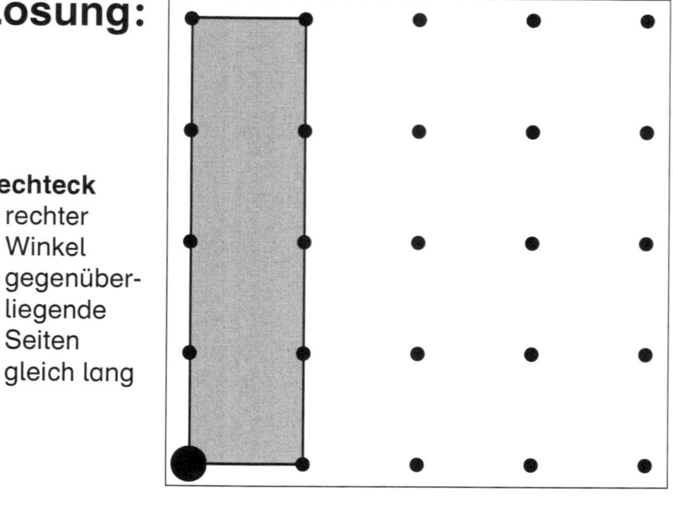

Lösung:

Viereck

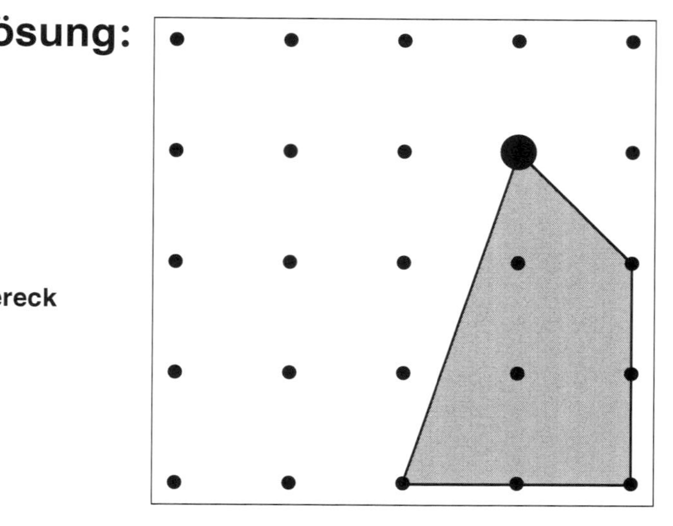

Lösung:

Raute
- vier gleich lange Seiten

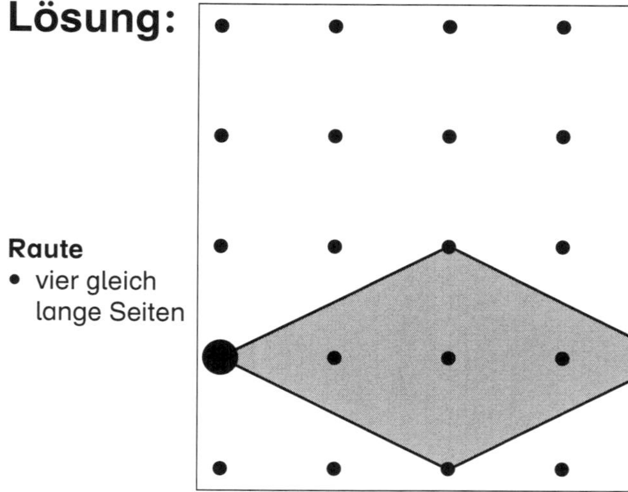

Lösung:

Drachen
- benachbarte Seiten gleich lang

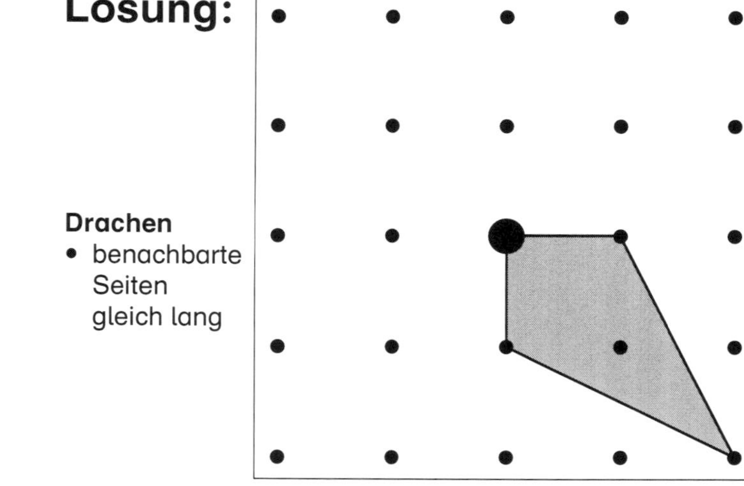

Welche Fläche ist das? 17

L
O
RR
LU

Welche Fläche ist das? 18

LUU
LOO
ROO
RUU

Welche Fläche ist das? 19

RRR
UU
LLL
OO

Welche Fläche ist das? 20

R
OOO
LLL
UUU
RR

Lösung:

Raute
- vier gleich lange Seiten

Lösung:

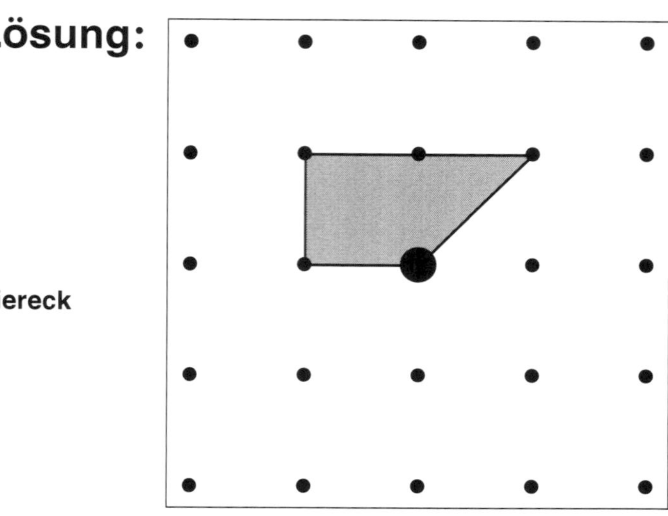

Viereck

Lösung:

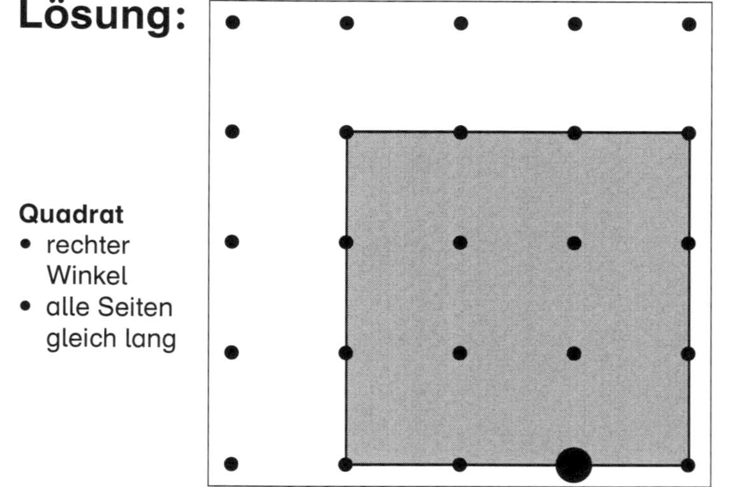

Quadrat
- rechter Winkel
- alle Seiten gleich lang

Lösung:

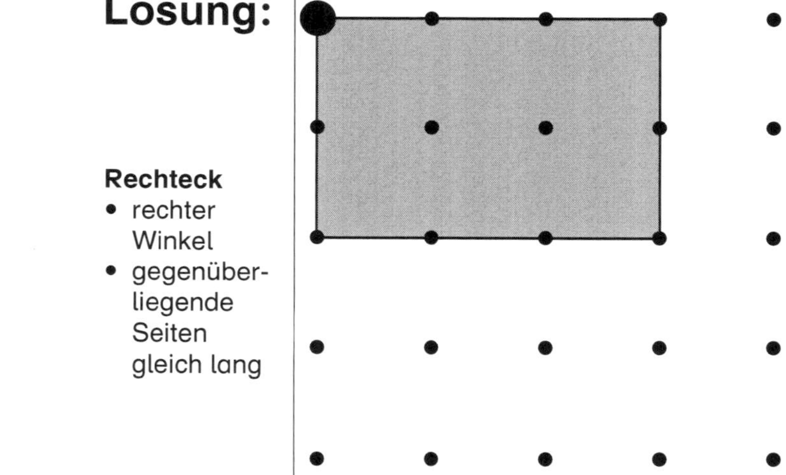

Rechteck
- rechter Winkel
- gegenüberliegende Seiten gleich lang

4. Anhang

4.1 Bauanleitung

Schritt 1: Ein stabgeleimtes Brett mit 20 cm Breite im Baumarkt kaufen.		**Schritt 2:** Kanten absägen und Bretter (Maß 20 cm x 20 cm) abschneiden oder im Baumarkt zuschneiden lassen.	
Schritt 3: Schablone ausschneiden.	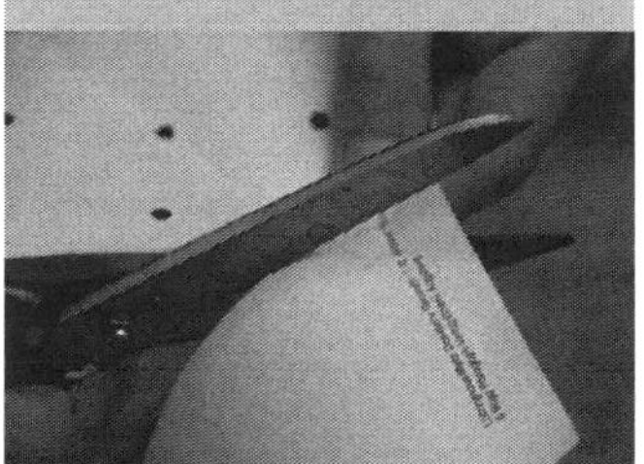	**Schritt 4:** Schablone auf das Brett legen und das Brett markieren.	
Möglichkeit 1: **Mit Nägeln**	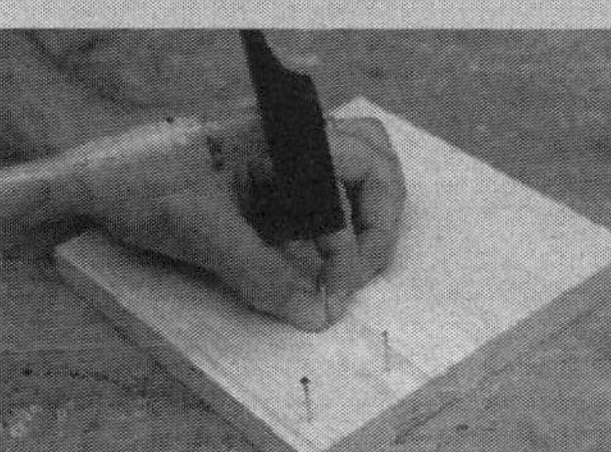 nageln	**Möglichkeit 2:** **Mit Holzdübeln (4 mm)**	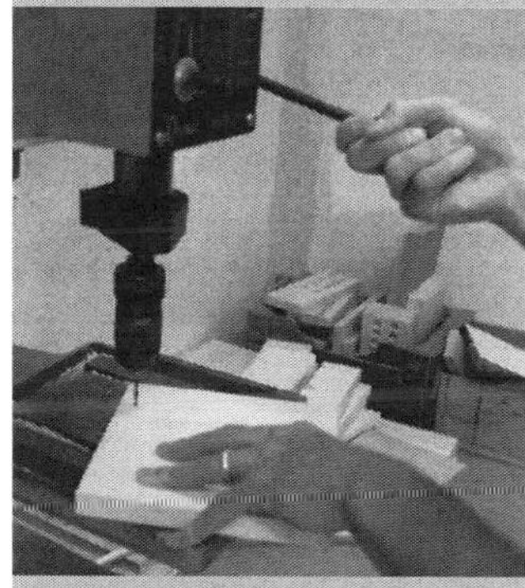 bohren  dübeln

4.2 Schablone

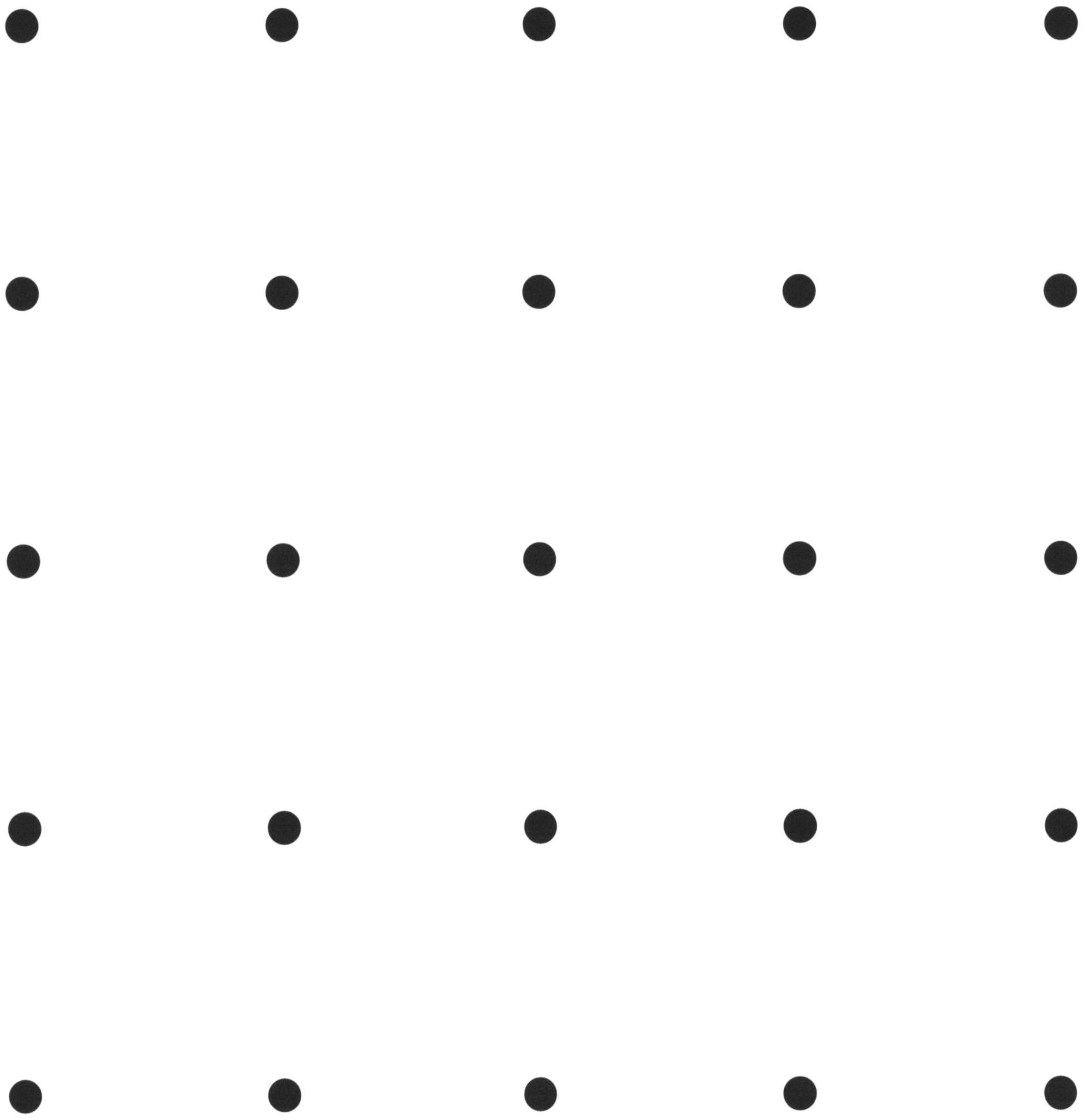

Notizen